dtv

Man spricht darüber, und man tut es wieder: Nicht länger im Verborgenen, sondern auf Dinnerpartys und anderen Lifestyle-Events steigt der Rauch von Davidoffs und Montecristos auf. Und auch im Internet gibt es Websites für Zigarren-Aficionados. Da wird es höchste Zeit, daß der geneigte Raucher sich über die Funktion des Alicantehalms, über Keulen- und Stromlinienfasson bis hin zur Frage der Zigarrenspitze informieren kann. Denn Zigarrerauchen ist ein Genuß, der zelebriert werden will. Allein schon das Anzünden ist ein Ritual, und eine Todsünde wäre es, einem Zigarrenraucher Feuer zu geben und ihn in seiner Versenkung zu stören. Die Asche streifen nur Banausen ab, der Cigarier klopft sie mit leichter Hand ab. Zigarrerauchen gilt nicht länger als »politically incorrect«, sondern ist eine Passion, der Frauen und Männer gleichermaßen frönen.

Erhard Gorys, geboren 1926, studierte Kunstgeschichte und Rechtswissenschaften in Göttingen und Cambridge. Er lebt als freier Autor in Krefeld. Zahlreiche Veröffentlichungen, darunter ›Das neue Küchenlexikon‹ (dtv 36008).

Erhard Gorys

Die Kunst,
Zigarre zu rauchen

Deutscher Taschenbuch Verlag

Von Erhard Gorys sind im Deutschen Taschenbuch Verlag erschienen:
Das neue Küchenlexikon (36008)
Lexikon der Heiligen (32507)
Zu Gast in Klöstern (36171)

Originalausgabe
September 1998
3. Auflage Februar 2001
© 1998 Deutscher Taschenbuch Verlag GmbH & Co. KG,
München
www.dtv.de
Umschlagkonzept: Balk & Brumshagen
Umschlagfoto: Jean-Pierre Dieterlen
Produktion und Satz:
Verlagsbüro Walter Lachenmann, Waakirchen
Gesetzt aus der Garamond-Antiqua
(QuarkXPress 3.32 Mac)
Druck und Bindung: C. H. Beck'sche Buchdruckerei,
Nördlingen
Gedruckt auf säurefreiem, chlorfrei gebleichtem Papier
Printed in Germany · ISBN 3-423-36076-3

Inhalt

Zu diesem Buch:
Man raucht wieder Zigarre

Nachdem die letzten großen Zigarrenraucher des 20. Jahrhunderts, Winston Churchill und Ludwig Erhard, in biblischem Alter gestorben waren, schien die Ära der Zigarre, ja des Tabakkonsums allgemein, beendet zu sein. Gesundheitsfanatiker predigten wider das »mörderische Kraut« und versuchten, das Rauchen gesetzlich verbieten zu lassen. Doch der Staat tat sich mit Verboten schwer, kann er doch mit der Tabaksteuer – in Deutschland allein über 20 Milliarden DM jährlich – seinen Etat verbessern. Allerdings zeigten die Medienkampagnen gegen das Rauchen, speziell gegen das erwiesenermaßen gesundheitsschädliche Rauchen von Zigaretten, großen Erfolg. Der Verkauf von Tabakwaren, und damit auch der von Zigarren, ging dramatisch zurück.

Aber es kam zu Gegenbewegungen. In den USA, dem Land der Zigarettenraucher, wo einige Bundesstaaten sogar das Rauchen auf der Straße, in öffentlichen Gebäuden und Verkehrsmitteln, in Lokalen und Bars unter Strafe stellen, begannen in den 80er Jahren Schriftsteller und Künstler, Filmschaffende und Politiker, Banker und Manager sich zunehmend dem Genuß feinster Zigarren hinzugeben. Sie smokten vor allem »Premiumzigarren«. Diese Königinnen unter den Rauchrollen, die Ruhe, Ausgeglichenheit, Wohlstand, das Stehen über den Dingen symbolisieren, wurden zum Attribut der Erfolgreichen. Und anders als im 19. Jahrhundert waren jetzt auch die Frauen mit von der Partie, die ohne zu zögern zu ihrer »Braunen« griffen. Zu den neuen Zigarrenfans zählten sowohl Arnold Schwarzenegger, Madonna, Mel Gibson als auch Judy Archer, Paul Newman, Meryl Streep, Bill Cosby oder Tina Turner, um nur ein paar Beispiele zu nennen. Die arrivierten Amerikaner wurden von einem Fieber ergriffen, das unvorstellbare Ausmaße annahm. So konnten die großen Zigarrenhändler, wie Joel Sherman in der New Yorker Fifth Avenue oder Arnolds in der Madison Avenue, die Nachfrage oft nicht mehr befriedigen und mußten Hunderte von Kunden unter Polizeischutz auf spätere Lieferungen vertrösten. Hotels und Restaurants richteten »Cigar Saloons« und »Cigar Clubs« ein, und in jedem größeren Ort der Staaten fanden »Cigar Dinners« und »Cigar Parties« statt.

Von den USA schwappte die Zigarrenwelle zu Beginn der 90er Jahre nach Europa herüber, wo Jean-Paul Belmondo oder Cathérine Deneuve, Sergio Leone und Greta Scacchi, Udo Jürgens und Roberto Blanco, der Wiener Opernsänger Kurt Rydl und der SPD-Politiker und heutige Bundeskanzler Gerhard Schröder zu den ersten Aficionados gehörten. Die europäischen Zigarrenimporteure und -fabrikanten, von Dannemann bis Villiger, atmeten auf und orderten fortan Importen und Rohtabake aus Kuba und den anderen klassischen Tabakanbaugebieten. Top-Restaurants in Deutschland, Österreich und der Schweiz veranstalten seither exklusive »Cigar Galas«. Nirgendwann zuvor verfügten die großen Zigarrenfachgeschäfte über ein so weites und erlesenes Angebot. Da drängen sich in den Humidoren (Klimaräumen) die edelsten Importen, allen voran die unvergleichlichen Habanos. Cohiba, Linea 1492, Montecristo, Romeo y Julieta, Upmann, Partagas, Bolivar lauten einige der großen Markennamen, deren Namensträger in den unterschiedlichsten Formen, Längen und Dicken erscheinen, als Corona zum Beispiel, als Gran Corona, Lonsdale, Robusto, Panatela usw. Eine neue Ära der Zigarre scheint angebrochen zu sein, für einen neuen Kreis von Connaisseurs, die nicht nur alten Bordeaux, Cognac und Champagner zu genießen verstehen, sondern auch eine gute Zigarre.

> *»Neunzig Minuten Zigarrengenuß,*
> *das ist mein Leben«.*
> *François Truffaut (1932 – 1984),*
> *Filmregisseur*

Am Anfang war die Zigarre:

Die mehr oder weniger amüsante
Geschichte eines illustren Genußmittels

K olumbus zog aus, um die Zigarre zu entdecken. Fast könnte man es so deuten, denn das erste, was den kühnen Seefahrern in der Neuen Welt auffiel, waren »Männer und Frauen, die ein kleines glimmendes Feuer in der Hand trugen, das von einem wohlriechenden Kraut herrührte«.

Dieser älteste Bericht über das Tabakrauchen stammt von dem Dominikanermönch und späteren Bischof Bartolomé de Las Casas (1474 – 1566), der ihn nach den Aussagen der spanischen Offiziere Rodrigo de Xerez und Luis de Torres niedergeschrieben hat. Die beiden Spanier waren wenige Tage nach der Entdeckung Amerikas von Cristóbal Colón – so nannten die Spanier Christoph Kolumbus – ausgesandt worden, um das Innere der Antilleninsel Guanahani zu erkunden. Auf Guanahani (heute San Salvador), einer der rund 700 Bahama-Inseln, hatte Kolumbus am 12. Oktober 1492 erstmals amerikanischen Boden betreten. Wenige Tage später, am 27. Oktober, landete er auf Kuba.

»Trockene Blätter dieses Krautes«, erfahren wir aus dem Bericht weiter, »waren in ein ebenfalls trockenes Blatt gerollt. Das Ganze glich einer Spielzeugmuskete, wie spanische Kinder sie zu Pfingsten bekommen. An dem einen Ende brannte die Glut, am anderen Ende sogen die Eingebo-

Rauchender Maya-Gott (Codex Troano)

renen den Rauch ein, wobei sie den größten Genuß zu empfinden schienen. Sie nennen diese Blattrollen ›tabacos‹.«

Am Anfang also war die Zigarre. Verehrte Leserin, verehrter Leser, denken Sie stets daran, wenn Sie sich eine Zigarre anstecken! Fühlen Sie sich als Aristokrat unter den Rauchern! Aber lassen Sie sich besser nicht auf eine Diskussion mit Schnupfern, Priemern und Pipenkerlen ein, welche Art des Tabakgenusses wohl die ältere sei. Unter uns gesagt: Es ist erwiesen, daß zu Kolumbus' Zeiten viele Indios auch Tabakstaub schnupften, andere wiederum Tabakkügelchen kauten und im Norden des Kontinents das Kalumet von Mund zu Mund ging. Lassen wir also diesen unnötigen Streit; er führt zu keinem Ergebnis. Es mag uns genügen zu wissen, daß die Zigarre, ob durch Zufall oder nicht, noch vor den anderen Tabakgenüssen zusammen mit Amerika entdeckt wurde.

Die Zigarre ist wohl eine Erfindung der Götter. Jedesmal, wenn es blitzt und donnert, dann schlagen sie Feuer, um ihre Tabacos anzuzünden. Die Wolken, die den fruchtbaren Regen bringen, bestehen aus köstlichstem Zigarrenrauch. Und die Sternschnuppen sind die verglimmenden Stummel, die die Götter vom Himmel werfen. So jedenfalls sahen es die alten Maya. Und ein Gott soll ihnen auch das Geheimnis des Zigarrenwickelns anvertraut haben, damit sie das göttliche Kraut zum Requisit ihrer religiösen Übungen machen. Die Priester werden nicht die schlechtesten Zigarren geraucht haben, denn nur was ihnen wohlgefällt, vermag die Götter gnädig zu stimmen. So ist auch das Wort »Zigarre« von seiner Herkunft her ein altes Mayawort, denn »Ciq« – so der etymologische Ursprung – bedeutet nichts anderes als »etwas Brennbares, das gut schmeckt und riecht«.

Die Azteken, das andere große Kulturvolk Mittelamerikas, hatten sogar einen Gott des Tabaks, mit dem wunderschönen Namen Tezcatlipoca. Alljährlich, wenn die Saat aus dem Boden brach, tanzten sie und schwangen Blumen und Zigarren, um den großen Gott zu erfreuen und ihn um eine gute Ernte zu bitten. Ein wohlgestalteter nackter Jüngling saß in ihrer Mitte und rauchte eine mächtige Zigarre. An ihrem Brand glaubten sie zu erkennen, ob ihre Bitten erhört oder abgewiesen würden. Das Rauchen von Zigarren diente in vorkolumbischer Zeit aber nicht nur kultischen Zwecken, sondern auch – vielleicht sogar hauptsächlich – als Genußmittel.

Tabakanbau und Zigarrenhandwerk genossen im Aztekenreich starke Beachtung. Auf jedem Markt wurden die Geschenke der Götter feilgeboten. Schon damals gab es schlichte »Roller« und exquisite Spitzenerzeugnisse. Während der kleine Mann zufrieden seinen bescheidenen Krautwickel schmauchte, labten sich Fürsten, Priester und wohlhabende Kaufleute an kunstvoll bemalten Rauchrollen, die eine Mischung aus Tabak und anderen aromatischen Kräutern enthielten. Moctezuma II. (um 1466 – 1520), der letzte König der Azteken, besser bekannt als »Montezuma«, pflegte nach dem Essen in einer Hängematte zu ruhen und sich an einer Zigarre zu ergötzen, die mit herrlichen Ornamenten aus feinstem Blattgold verziert war.

Als die Spanier sahen, mit welchem Behagen die Indios den blauen Dunst einsogen, probierten sie von dem göttlichen Kraut. Ich glaube nicht, daß sie anfangs sehr begeistert waren, dürften sie doch dieselben unangenehmen Wirkungen verspürt haben, mit denen auch mancher von uns bei seinen ersten Rauchversuchen Bekanntschaft machte. Aber als hartgesottene Eroberer gaben sie nicht auf, probierten weiter, bis sie mit einem Male voller Entzücken das Angenehme und Belebende der Zigarren zu spüren begannen. Das waren dann die Männer, die nicht nur Montezumas Schätze (und die berüchtigte Lustseuche, die Syphilis) in die Alte Welt mitbrachten, sondern auch die Sitte des »Rauchtrinkens«. Rodrigo de Xerez, der gleich einige Ballen mit Tabakblättern mit nach Hause nahm, gilt als erster europäischer Raucher.

Entsetzen packte die friedlichen Bürger des alten Europa, als sie die heimkehrenden Seeleute und Soldaten sahen, die »merkwürdige Trichter aus Blättern im Munde hielten, diese mit Feuer anzündeten, den Rauch einsogen und durch Mund und Nasenlöcher wieder von sich stießen«. Das war bösester Teufelsspuk. Der Satan mußte in die Kerle gefahren sein. Die Kirche verbot das heidnische Rauchen und sperrte alle »vom Teufel Besessenen« ein. Auch der arme Rodrigo de Xerez wurde in den Kerker geworfen, weil er das Rauchen nicht mehr lassen wollte. Als er nach zehn Jahren endlich wieder in Freiheit war, rauchte halb Spanien.

Im Jahre 1587 übersprang die »neue Seuche« die Grenze nach Deutschland, soweit man für die damalige Zeit schon von Deutschland sprechen kann. In einem zeitgenössischen Klosterbericht aus Aachen lesen wir: »Viel spanisch Vollk hier, alwo sie schlechte Sittn eynführn, wie da besunderlich sie eyn neue art von ausgelossenheyt demonstriern, alß da ist daß ausblasen von Rauch. Die Soldatt außm spanischen lant stoltzyren allhiero umher und fressen feuer zambt deme Rauch und daß dompe vollk obwundert sich schier.«

Doch konnte sich die Sitte des Zigarrenrauchens in der Alten Welt noch lange nicht durchsetzen. Lag es an dem ungebärdigen Auftreten der Zigarren-Avantgardisten, der Seeleute und der Landsknechte? Oder lag es an ihren stümperhaft gewickelten Tabakrollen, die schlecht brannten, mächtige Flammen auflodern ließen, qualmten, stanken, zischten und fauchten, daß selbst dem unerschrockensten Bürger angst und bange wurde? Das Rauchen dieser »Qualmbolzen«, »Lippenlunten« und »Stinknudeln« muß damals fürwahr ein Abenteuer gewesen sein, nur leider kein rechter Genuß. Denn meistens bestanden sie aus getrocknetem Kraut unbekannter Herkunft, nur selten aus echten Tabakblättern. Auch diejenigen, die so wohlhabend waren, sich einen Packen echter indianischer Rauchrollen per Schiff schicken zu lassen, mußten enttäuscht feststellen, daß diese »Importen« die lange Seereise in den dumpfigen, modrigen Karavellen nicht vertrugen.

Fast sah es so aus, als würde die Ära des Tabaks in Europa vorschnell ihr Ende finden, ein schmähliches Ende. Da brachte der französische Mönch André Thevet, obwohl selbst ein fanatischer Gegner des Rauchens, den ersten Tabaksamen nach Europa. Allerdings nicht, um den verruchten Rauchtabak zu ziehen, sondern um sich an den herrlichen Blüten des wundersamen Nachtschattengewächses zu erfreuen.

Ein anderer Franzose, ein gewisser Jean Nicot (1530 – 1600), Gesandter am Hofe zu Lissabon, glaubte wenig später, gewisse medizinische Wirkungen des Tabakkrautes entdeckt zu haben. Er verschrieb die neue Arznei gegen Flechten, Krätze und – gegen Krebs. Er empfahl, die zu feinem Staub verriebenen Blätter durch die Nase einzusaugen, was alle Krankheitskeime auf recht drastische Weise aus dem Körper zöge, womit der Schnupftabak erfunden war.

Als qualmendes Höllenkraut war der Tabak weitgehend verschwunden, als Lebenselixier kehrte er nun zurück. Die Epoche des Schnupfens begann: König Franz II. schnupfte, der ganze französische Hofstaat schnupfte, und wer sonst noch auf sich hielt, schnupfte ebenfalls. Der Tabak war hoffähig geworden. Und Jean Nicot ging in die Unsterblichkeit ein: der schwedische Biologe Carl von Linné

Jean Nicot (1530 – 1600);
nach einem Gemälde von Henry Goltzius

gab der indianischen Wunderpflanze den wissenschaftlichen Namen »Nicotiana«.

Doch wer nun glaubte, daß es mit dem Rauchen des Tabaks endgültig vorbei war, der kannte die Nicotiana
schlecht. Sie suchte und fand einen anderen Weg, ihre
blauen Wölkchen an den Mann zu bringen, den Weg über
die Tabakspfeife.

Nordamerikanische Indianer hatten sich genötigt gesehen, den eindringenden Engländern Umgang mit der Friedenspfeife beizubringen. Sir Walter Raleigh (1552 – 1618),
ein kühner Seefahrer und kluger Kopf, erkannte sofort die
bemerkenswerten Vorzüge dieses simplen Geräts und

machte es durch fleißigen Gebrauch schnell populär. Ein Lord nach dem anderen stopfte sich seine »tobacco-pipe«. Sogar Elisabeth, die Tochter Heinrichs VIII., schätzte den herben Duft des verbrennenden Krautes, ohne aber selbst jemals zur Pfeife zu greifen. Daß Raleigh nach Elisabeths Tod das Schafott des Londoner Towers besteigen mußte – mit Pfeife, versteht sich –, daran war erwiesenermaßen nicht seine Rauchleidenschaft schuld, sondern seine tiefe Zuneigung zu der englischen Königin, die Jakob I. als Sohn von Maria Stuart nicht gerade verehrte.

Die Pfeife hatte gegenüber der Zigarre den unbestreitbaren Vorteil, daß sie leicht aus Holz oder Ton herzustellen war. Als Füllung genügte ein Häufchen Tabakkrümel. Ansonsten brauchte man nur noch eine glühende Kohle auf den Tabak zu halten, und schon qualmte der »Ofen«, gefahrlos stets, weil genügend weit von der Nasenspitze entfernt. So marschierte die Pfeife mit den Landsknechten quer durch Europa bis nach Rußland und in die Türkei.

Doch dann stellte man plötzlich fest, daß das Pfeifenrauchen doch nicht so ganz ungefährlich war. Sultan Murad IV. (1623 – 1640) ließ fünfundzwanzigtausend brave Türken köpfen, weil er sie beim verbotenen Tabakgenuß ertappt hatte. Zar Michail Fjodorowitsch (1613 – 1645), der erste Romanow, schlitzte den Rauchern unbarmherzig die Nasen auf. Schah Abbas der Große von Persien (1587 – 1629) gebot seiner Polizei, sämtlichen Pfeifenschmauchern die Lippen abzusäbeln. Und das alles nur deshalb, weil Tabakrauchen feuergefährlich sei. In Mitteleuropa war die hohe Obrigkeit ein wenig humaner; hier begnügte sie sich, gegen die »truckene Trunkenheit« mit Auspeitschung,

Kerker oder empfindlichen Geldbußen vorzugehen. Ohne Erfolg natürlich, obwohl sie für ihre Verbote immer neue Gründe fand: Erregung öffentlichen Ärgernisses, Sittenverderbnis, Ansporn zu Mord und Unzucht, Gesundheitsgefährdung usw.

Aber wie schnell setzte sich Väterchen Staat über alle diese Argumente wider den Tobak hinweg, als es entdeckte, daß es mit Hilfe des »goldenen Krautes« seine Finanzen aufbessern konnte.

Einer der ersten Staatsmänner, die auf solche Art aus der Untugend eine Tugend machten, war der Nichtraucher Richelieu (1585 – 1642). Der Kardinal und Staatsmann erhob eine gepfefferte Tabaksteuer, um mit deren Erträgen seine ehrgeizigen Pläne (Unterwerfung des Hochadels und Befreiung Frankreichs aus der habsburgischen Umklammerung) zu verwirklichen. Sollten wir dem Kadinal darob gram sein? Mitnichten. Eines Tages wäre ein anderer auf den geldbringenden Gedanken gekommen. Oder glauben Sie wirklich, wir wären der Steuerbanderole jemals entgangen?

Während halb Europa nun Pfeife rauchte und die andere Hälfte schnupfte, zerbrachen sich die spanischen Amerikaheimkehrer nach wie vor den Kopf, wie sie es anstellen könnten, auch in ihrer Heimat den gewohnten Genuß indianischer Rauchrollen nicht entbehren zu müssen. Zwar war es im Jahre 1541 dem Spanier Demetrio Pela gelungen, von seinem Freund, dem Aztekenhäuptling Panduka, das Wickeln von Tabakrollen zu erlernen, aber Demetrio blieb in der Neuen Welt. So dauerte es noch rund zweihundert Jahre, bis endlich ein Mann nach Spanien kam, der die hohe Kunst der Zigarrenmacherei beherrschte. Wir kennen seinen Namen nicht. Doch begann nachweislich Anfang des 18. Jahrhunderts die Zigarre ihren machtvollen Siegeslauf. 1720 stellte die berühmte Rauchtabakfabrik zu Sevilla ihre Produktion auf Zigarren um. Schnell segelnde Fregatten lösten die schwerfälligen Karavellen ab. Aus Kuba kamen nun Schiffe mit der begehrten Tabakfracht, die in großen Kisten sorgsam gegen Nässe und Hitze geschützt wurde. Nicht Landsknechte waren es diesmal, die die neue Mode des Zigarrenrauchens verbreiteten, sondern weitgereiste, distinguierte Handelsherren. Politiker und Künstler entsagten daraufhin mit Freuden der brodelnden Pfeife, der Adel stellte erlöst die Schnupftabakdosen beiseite. Die Zigarre wurde zum Attribut der vornehmen Welt.

Die Niederländer schmuggelten Tabaksamen aus Kuba in ihre Kolonien Sumatra und Java und züchteten dort edle Tabaksorten, die noch heute als »indonesische Tabake« einen ausgezeichneten Ruf genießen. Nach Deutschland kam die Zigarrenproduktion durch den deutschen Kaufmann Hans Heinrich Schlottmann. Er fuhr nach Spanien, um in Sevilla die Zigarrenmacherei zu erlernen, und gründete nach seiner Rückkehr im Jahre 1788 in Hamburg die erste deutsche Zigarrenfabrik. Die Qualität der dort zunächst aus kubanischem Havanna, später auch aus brasilianischem Tabak gewickelten Zigarren war so hervorragend, daß es im In- und Ausland bald zum guten Ton gehörte, eine »Schlottmann« zu rauchen. Die Folge davon war, daß ab Mitte des 19. Jahrhunderts in Hamburg, in Bremen, in Hessen, Baden, Thüringen, vor allem in Ostwestfalen (um Bünde und Lübbecke) zahlreiche Konkurrenzunternehmen aus dem Boden schossen, die sich um die Gunst des Rauchers bemühten. 1897 produzierten in Deutschland über 150 000 Arbeiter und Arbeiterinnen in 9755 (!) Fabriken 6,5 Milliarden Zigarren im Wert von 250 Millionen Goldmark.

Gnadenlos schwappte die Zigarrenwelle über die Schnupfer und Pfeifenraucher hinweg. Es galt als schick, sich wie die hohen Herren eine Zigarre anzustecken. Damit es auch jeder sah, geschah dies vorzugsweise in der Öffentlichkeit: auf der Straße, im Restaurant, im Theater. So wie man seine goldene Taschenuhr zog und möglichst auffällig den Deckel aufspringen ließ, zog man sein juchtenledernes Etui hervor und wählte umständlich eine Havanna, Brasil oder Sumatra, eine Importe oder eine Einheimische. Zweifellos: Die Zigarre verlangte nach Zuschauern und Bewunderern, ganz im Gegensatz zur Pfeife. Da man(n) sich bekanntlich bevorzugt von Frauen bewundern läßt und ließ, wurde jetzt auch in Damengesellschaft geraucht, was vorher unmöglich gewesen wäre. Ja, man »scheute sich nicht mal, eine Dame am Arm zu führen und dabei genüßlich zu schmauchen«. Das war Wasser auf die Mühlen der Moralisten, und sie wetterten und zeterten, nur diesmal nicht über die »unflätige Wollust« im allgemeinen, sondern ganz speziell über die »neumodischen Glühzulpe«. Und als sie auch noch entdecken mußten, daß hier und da sogar ein Weibsbild provozierend die Zigarre schwang, reichte ihr sonst unerschöpflicher Wortschatz nicht aus, um gegen diese Sittenverderbnis zu wettern. Aber alles Geifern erstickte schließlich in den duftenden Rauchschwaden der Coronas, Millares und Regalias.

Die Zigarre wurde auch zum Träger revolutionärer Ideen: Kein vornehmer Herr scheute sich, einen Straßenkehrer um Feuer zu bitten, wenn es ihn nach einer Zigarre gelüstete. Und nicht selten zog auch der Straßenkehrer genußvoll an seiner geliebten »Braunen«, die natürlich keine Havanna war, sondern ein ziemlicher »Stinkbolzen« einheimischer Provenienz. Aber auch er rauchte jedenfalls Zigarre, wie der Bierkutscher, der Justizobersekretär, der Lumpensammler und der Herr Kommerzienrat. »Die Cigarre ist das Scepter der Ungenirtheit«, schrieb 1848 die ›Neue Preußische Kreuzzeitung‹. »Mit der Cigarre im Munde sagt und wagt ein junges Individuum ganz andere Dinge, als es ohne Cigarre sagen und wagen würde.«

Die Gilde der Zigarrenraucher kannte – zumindest was den Tabakgenuß betraf – keinen Standesunterschied. Wie nirgends sonst war hier das Gleichheits- und Brüderlichkeitsprinzip verwirklicht. Und als die Berliner in der 48er Revolution drohend vor das Palais des Ministerpräsidenten zogen, sollen sie auf die Frage, was sie denn wollten, geantwortet haben: »Freiet Roochen im Tierjarten!« Natürlich ist das nur eine Anekdote, aber zur Freiheit, diesem wichtigsten Menschenrecht, gehörte es eben auch, im beliebtesten Erholungsgebiet der Berliner nicht auf den Genuß des Tabakrauchens verzichten zu müssen.

Und dann kam der Tag, an dem die Zigarre die höchste Sprosse ihrer einzigartigen Karriere erklomm: sie wurde zum Symbol der Macht. Es war im Jahre 1851, als nämlich Bismarck den Preußischen Gesandten von Rochow im Bundestag zu Frankfurt am Main ablöste. Als er zum ersten Mal an einer Sitzung der Militärkommission teilnahm,

stellte er fest, daß nur der Gesandte des Kaisers, der österreichische Graf Thun, rauchte. Rochow, obwohl selbst
ebenfalls ein leidenschaftlicher Raucher, hatte es wie die
Gesandten der anderen deutschen Länder nicht gewagt,
sich im Beisein des kaiserlichen Abgesandten dem Tabakgenuß hinzugeben. Bismarck hingegen, ein großer Verehrer der Zigarre, zog eine stattliche Havanna hervor und ließ
sich vom Grafen Thun Feuer geben. Das schlug wie eine
Bombe ein. Er hatte mit dieser harmlos erscheinenden Geste Preußen gleichberechtigt neben das österreichische Kai-
serreich gestellt und dessen Vormachtposition symbolisch
mit der Zigarre beseitigt. Der Vorfall war so sensationell,
daß die anderen Gesandten darüber unverzüglich ihren
Regierungen Bericht erstatteten. Erst ein halbes Jahr später, als Österreichs Vormachtstellung noch weiter ge-
bröckelt war, steckten sich auch die Gesandten von Bayern,
Hannover und Sachsen eine Zigarre an. So weit also hatte
es die Zigarre gebracht. Beachtlich, nicht wahr?

Dann kam der Erste Weltkrieg, der die »gute alte Zeit«
beendete, und in seinem Gefolge die »Golden Twenties«,
die »goldenen Zwanzigerjahre«. Die Frauen kleideten sich
wie Männer, die Männer stutzten ihre Bärte, die Beine flo-
gen im Charleston-Rhythmus. Rundfunk und Tonfilm
standen an der Wiege einer neuen Epoche, einer Epoche
voller Tempo und Hast. Wer konnte sich jetzt noch dem
beschaulichen Genuß einer guten Zigarre hingeben? »Zeit
ist Geld« war die unbarmherzige Devise. Und die gehetzten Menschen griffen nach der schnellebigen Zigarette.
Die Ära der kleinen weißen »Sargnägel« begann.

Trotz allem bewahrte die Zigarre ihren Freundeskreis.

In und um Bünde, auch in Baden, mühten sich nach wie vor Wickler und Roller, für kärglichen Lohn köstliche Zigarren per Hand herzustellen, obwohl in anderen Ländern, vor allem in den Niederlanden und auch in Spanien, längst Maschinen im Einsatz waren, den Fülltabak mischten, ihn zu Strängen formten und mit einem homogenisierten Deckblatt versahen. Angesichts der verheerenden Arbeitslosigkeit verbot Hitler 1933 den auch in Deutschland geplanten Einsatz von Maschinen bei der Zigarrenfabrikation, ein Verbot, das bis weit in die 50er Jahre hinein galt.

Nach dem Zweiten Weltkrieg, als – zumindest im Westen Deutschlands – die Invasion der Camel und Chesterfield über die Bevölkerung hereinbrach, schien das Schicksal der Zigarre endgültig besiegelt zu sein. Abstrakte Malerei, atonale Musik, Cool Jazz, Automation in Industrie und Haushalt, ökonomisches Denken in allen Lebensbereichen beherrschten unser Dasein in den harten Jahren des Wiederaufbaus. Aber dann, als diverse Wellen des Nachholbedarfs über die Deutschen hinweggerollt waren und sich ein gewisser Wohlstand eingestellt hatte, trat ein eigenartiger Wandel ein. Der Mensch wehrte sich mit einemmal dagegen, inmitten einer kalten, rationalen Welt zu schuften. Er erinnerte sich der Traditionen und unternahm Versuche, das Alte mit dem Neuen zu verbinden. Er entdeckte seine Vorliebe für Miniaturen, Makartsträußchen, Medaillons, für alte Autos, Zinnkrüge, Pasteten, für Barockmusik und Jugendstil. Man legte wieder mehr Wert auf Qualität und Geschmack. Die Freude am Genießen trat in den Vordergrund. Man nahm sich endlich Zeit, die Genüsse des Lebens mit Verstand auszukosten. Man gönnte sich schon mal eine Seezunge Colbert und wußte sogar, wem diese ihren Namen verdankte. Man trank dazu einen guten Wein und rauchte hinterher eine Sumatra oder Brasil, deren Tugenden man zu schätzen wußte.

Ja, man rauchte wieder Zigarre. Nicht nur, weil diese Art des Rauchgenusses nach dem sensationellen Terry-Report wegen der chemischen Zusammensetzung des Zigarrenrauches gesünder sein soll als das Rauchen von Zigaretten, sondern weil man wieder zu genießen verstand, weil man wieder bereit war, für diesen Genuß etwas Zeit und auch Geld zu opfern. Es hatte also eine Renaissance der alten indianischen Rauchrolle begonnen. Aber es war nicht die aromatisierte »Tabaco« von einst, auch nicht Bismarcks stattliche Havanna, die die neuen Zigarren-Fans verehrten. Die Zigarre hatte sich gewandelt, hatte sich der Zeit angepaßt. »Leicht und mild« lautete die Devise, weil man beim Essen und Trinken sehr auf seine Gesundheit bedacht war. Die schlanken Zigarren waren im Vormarsch; sie waren der Rauchgenuß der jungen Generation, die das Besondere, das Echte liebte. Denn allen anderen Tabakgenüssen hatte die Zigarre den unverfälschten Geschmack und Duft voraus.

Ludwig Erhard, der »Vater des Wirtschaftswunders«, Minister, schließlich Kanzler der Bundesrepublik Deutschland, war der Prototyp des vor Energie und Gesundheit strotzenden, genießerischen Zigarrenrauchers. Jeder, der etwas galt, rauchte nun Zigarre, in Deutschland wie in der ganzen zivilisierten Welt. Als John F. Kennedy 1961 Präsident der Vereinigten Staaten wurde, überredete man ihn, das bis heute umstrittene Embargo gegen Kuba zu verhängen. Vorher deckte sich der leidenschaftliche Zigarrenraucher Kennedy jedoch mit Hilfe seines Pressesekretärs Pierre Salinger noch mit 1000 Stück edelster Habanos ein. Mit dem Embargo begann in den USA eine zigarrenarme Zeit. Darüber hinaus verleideten die Kampagnen der Antirauchergruppen den Aficionados ihr harmloses Vergnügen. Diese Feldzüge, die ursprünglich nur die Konsumenten der krebsgefährdenden Zigaretten mit ihrem säure- und teerreichen Rauch ansprechen sollten, richteten sich bald gegen jede Form des Tabakgenusses, auch gegen die Zigarrenraucher, die Verqualmer provozierend mächtiger Rauchrollen. Die Weltverbesserer verfolgten bald jeden Raucher, ließen in etlichen Ländern jegliche Tabakwerbung verbieten, erzwangen in anderen Staaten Hinweise auf die Gesundheitsgefährdung, setzten Rauchverbote in öffentlichen Gebäuden, in Lokalen, ja sogar auf der Straße durch.

Die weitgehenden Rauchverbote hatten in den USA die gleiche Wirkung wie die Prohibition in den 20er Jahren: Man rauchte nicht weniger, sondern mehr, zwar nicht in der allgemeinen Öffentlichkeit – das war ja bei Strafe verboten –, sondern im Kreise Gleichgesinnter. Die Einrichtung von »Smokernights«, von Zigarren-Degustationen nach opulentem Mahl, wurde populär. Die amerikanischen Tabakkonzerne verlagerten ihre Zigarrenproduktion aus Kuba in die karibischen Nachbarstaaten. Mit kubanischem Tabaksamen und kubanischen Spezialisten entstand innerhalb weniger Jahre in der Dominikanischen Republik, in Honduras, Nicaragua, Mexiko, auf Jamaica, sogar in den USA selbst (Tampa), eine blühende Plantagenwirtschaft mit modernsten Zigarrenfabriken. Mit der Zeit gelang es auch, die einzigartige Qualität der kubanischen Zigarren, der Havannas oder Habanos, zu erreichen und gelegentlich sogar zu übertreffen.

In den 60er Jahren hatte der kubanische Guerilla-Führer und Politiker Ernesto Guevara Serna, genannt Che Guevara, im Auftrag des Ministerpräsidenten Fidel Castro einen neuen Zigarrentyp, die »Cohiba«, kreiert, die noch heute als die Krönung aller Zigarren gilt. Lange Jahre war diese Edelzigarre, Castros Lieblingsrauchrolle, allein den Staatsgästen und höchsten Funktionären Kubas vorbehalten. Heute kann sie – die 1997 ihr 30jähriges Jubiläum feierte – auch der deutsche Aficionado in jedem besseren Tabakfachgeschäft erstehen, allerdings zu einem stattlichen Preis.

Zu Beginn der 90er Jahre löste die leidenschaftliche Liebe zahlreicher prominenter Amerikaner zu ihren »braunen Geliebten« einen weltweiten Zigarrenboom aus. Filmstars, Regisseure, Schriftsteller, Journalisten, Künstler, Politiker, Geschäftsleute unterstützen seither den Boom, der sich von Jahr zu Jahr verstärkt und mit großer Wahrscheinlichkeit nicht nur eine vorübergehende Modeerscheinung ist, sondern eine völlig neue Lust an der Zigarre offenbart. Die Hektik des Lebens, der Existenzkampf, die Zukunftsängste und vielleicht auch die zahlreichen Rauchverbote führten zu einem revolutionären Aufbegehren. »Der Trend zum Zigarrengenuß ist auch eine Reaktion auf die vielerorts grassierende hektische Fast-food-Mentalität. Zeit für Muße und Genuß ist gefragt, und zunehmend haben auch Frauen teil am sinnlichen Genuß einer feinen Zigarre oder eines Zigarillos«, sagte Heinrich Villiger, Chef eines der größten europäischen Zigarrenimperien. Doch man verkonsumiert nicht mehr wie früher 10 bis 12 maschinengefertigte Zigarren, sondern genießt heute eine, zwei, vier, selten mehr Zigarren allerbester Qualität. Aus dem einstigen Konsumprodukt ist ein Genußmittel geworden, für nicht wenige Aficionados eines der »vier großen Cs« (wobei man die internationale Schreibweise berücksichtigt): Cigarren, Cognac, Champagner, Caviar. Neue Formate und Geschmacksrichtungen kommen den Damen und den jungen Rauchern entgegen, die sich zunehmend von der Zigarette weg und zur Zigarre hinwenden.

»Nichts kommt dem Tabak gleich.
Er ist die Leidenschaft der ehrenwerten Leute;
wer ohne ihn lebt, ist nicht würdig zu leben.«
Molière (1622 – 1673),
Komödiendichter

Nicotiana tabacum:

Vom organischen Kern der Zigarre

Z igarren haben alle etwas »organisch Lebendiges«, bemerkte einmal Zino Davidoff, der große Fabrikant und Kenner. Jeder rechte Zigarrenraucher wird Ihnen das bestätigen können. Wenn Thomas Mann von seiner »Maria Mancini« spricht, schwärmt er geradezu von ihrem pulsenden Geäder, von den kleinen Unebenheiten ihrer Haut, dem Spiel des Lichtes auf ihren Flächen und Kanten. Und doch sind Zigarren keine Wesen aus Fleisch und Blut, sondern bestehen – Sie wissen es – üblicherweise aus Tabak, aus dem indianischen Wunderkraut mit dem klangvollen Namen »Nicotiana tabacum«.

Die Nicotiana gehört zur Familie der Nachtschattengewächse, was uns etwas nachdenklich stimmen könnte, weil Alraune, Tollkirsche, Bilsenkraut, Stechapfel, Stinkteufel, Wolfsbeere, Teufelszwirn, Süßholz, Korallenstrauch, Kannibalentomate und rund 1800 andere Hexen- und Zauberkräuter mit ihr mehr oder weniger nah verwandt sind. Aber es mag uns beruhigen, daß auch die gut beleumundete Kartoffel, die Tomate und die Aubergine zu dieser kauzigen Familie gehören.

Was sagt uns das Wort »Nachtschatten«? – »Schatten« kommt von »Schaden«; das leuchtet ein. Und die Nacht war schon immer voller Gefahren; das leuchtet ebenfalls ein. So bedeutet »Nachtschatten« nichts anderes als »ge-

Nicotiana Tabacum latifolium.

Kupferstich von Lukas Kilian
(1579 – 1637)

fährlicher Schaden«. Nachtschattengewächse sind also
Pflanzen, die dem Menschen gefährlich werden können,
sofern er sich ihrer in dilettantischer, das heißt in allzu sorg-
loser Weise bedient. Es sind Giftpflanzen, daran besteht
kein Zweifel. Genußvoll schmauchen wir jedoch das brau-
ne Tabakkraut, laben uns an seinem betörenden Duft,

schmecken die pikante Würze, erfreuen uns an dem makellosen Brand und genießen das sympathisch aufkräuselnde Blau.

Die Botaniker haben den Nachtschattengewächsen, wohl wissend um ihre Wirkung, den wissenschaftlichen Namen »Solanazeen« gegeben, also Trostspender, Seelenpflaster, Gemütsarzneien (lat. solari = trösten, lindern). Wir empfinden darum beim Rauchen von Zigarren wohliges Behagen, eine angenehm belebende Wirkung. Von einer Giftwirkung im bösen Sinne ist bei bedachtsamem Konsum nichts zu spüren.

Die Tabakpflanze ist ein einjähriges Gewächs, d. h. sie entsprießt alljährlich von neuem den winzigfeinen Samenkörnern, von denen 12 000 kaum mehr als 1 einziges Gramm wiegen. Aus ihrem Stengel drängen die saftiggrünen, elefantenohrigen Blätter, die mit einem feinen Filz harziger Drüsenhaare bedeckt sind. An der Spitze des 1 – 3 m hohen Krautes entfalten sich die anmutigen, grazilen Blütenglöckchen, deren leuchtend purpurrote Farbenpracht uns verstehen läßt, warum der Tabak im 16. Jahrhundert zuerst als Zierpflanze in Europa Eingang fand. In den Hofgärten von Madrid, Lissabon und Paris gedieh das vielbewunderte exotische Gewächs inmitten von Opuntien, Agaven, Palmen, Orchideen und Ananasstauden.

Der Anbau der Nicotiana tabacum ist recht mühsam. In sorgsam vorbereiteten Saatbeeten öffnet sich der punktfeine Samen. Ein duftiges Blätterdach aus Palmwedeln, heute zunehmend auch ein Foliendach, schützt die zarten Keime vor heftigen Regengüssen und verdorrender Sonnenglut. Sobald die jungen Pflänzchen kräftig genug sind, um den äußeren Gefahren zu trotzen – was im allgemeinen nach 35 bis 45 Tagen der Fall ist –, werden sie schonend auf das freie Feld verpflanzt. Jedes Pflänzchen bekommt einen Löffel genau dosierter Düngermischung mit auf den Lebensweg; in dieser befinden sich Mineralsalze, die sich in den mächtig ausgebreiteten Blättern verteilen sollen, um den Tabak später flott glimmen und eine kompakte mattsilbrige Asche erzeugen zu lassen.

Es folgt die Pflege der Kulturen: Hacken, Hacken und nochmals Hacken, weil die flachen Wurzeln atmen wollen; Anhäufeln schließlich, bis sich spargelbeethohe Dämme von Pflanze zu Pflanze spannen; Köpfen des Blütenstandes und Ausbrechen der Geize, damit aller Saft und alle Kraft ungeschmälert in das Blattwerk strömen können.

Wenn sich nach weiteren 45 Tagen die ersten gelblich braunen Flecken auf dem satten Grün des Tabakblattes zeigen, beginnt die Ernte. Man wartet also nicht, bis das Blatt vollkommen gelb und ausgereift ist. Damit hat es folgende Bewandtnis: Ein vollreifes, über und über gelbbraunes Blatt ist bereits »tot«. Solange es aber noch grün ist, lebt es. Wird dieses »vitale« Blatt nun vom Stengel gelöst, lebt es weiter, atmet, veratmet den Zucker, der in seinem Körper gespeichert ist. Ein solcher zuckerarmer Tabak hat einen pikant-herben Geschmack, genau den Geschmack, der die Zigarre vor allen anderen Tabakgenüssen auszeichnet. Zigaretten- und Pfeifentabake dagegen werden sehr reif geerntet und enthalten somit bis zu 20 % Zucker, schmecken also ausgesprochen süß. Wenn Sie wollen, können Sie die Zigarre mit einem Whisky, die Zigarette mit einem Curaçao vergleichen. Jedem das Seine.

Nun reifen die Blätter der Tabakpflanze jedoch keineswegs zur gleichen Zeit. Zuerst verfärben sich die untersten, die Grumpen und die in Bodennähe wachsenden Sandblätter. Dann folgen die mittleren Partien, das Hauptgut, schließlich und ganz zuletzt die Oberblätter. Und in dieser Reihenfolge werden die jeweils gerade reif werdenden Blätter vom Stengel gebrochen, im Morgengrauen zumeist, wenn sie wenig Stärke enthalten. Geerntet wird fünf- bis sechsmal. Jede Pflanze bringt 16 bis 18 zigarrengeeignete Blätter hervor, sofern keine Krankheiten und kein Ungeziefer die Felder befallen. Gefürchtet sind der Blauschimmel, der Mosaik-Virus, Black Shank und der gefräßige Lasioderma-Käfer.

So schnell wie möglich werden die geernteten Blätter noch Größe und Struktur sortiert. Man bindet sie mit Palmbändern, reiht sie auf Schnüre oder spießt sie auf lange Bambusstangen (Cujes) und hängt sie in luftigen Schuppen zum Trocknen auf. Dort baumeln sie dann wie riesige buntgescheckte Fledermäuse. Nach und nach verdunstet das Wasser, nicht alles, denn das Blatt soll ja geschmeidig bleiben. Abends werden die Schuppen dicht verschlossen, damit der Trocknungsprozeß nicht durch den nächtlichen Tau behindert wird. Allmählich verändert die natürliche Trocknung die Farbe der Blätter, sie werden gelb, dann braunfleckig, schließlich goldbraun.

Das getrocknete Tabakblatt ist nun noch lange nicht rauchreif: es brennt schlecht, beißt auf der Zunge und stinkt nach verbranntem Laub. Also werden die zuvor nach Farbe sortierten und zu je 20 Stück gebündelten Blätter zu ein bis zwei Meter hohen Haufen (Burros) geschichtet. In diesen Haufen beginnt der Tabak zu gären, zu fermentieren. Bakterien und Enzyme verwandeln das Blatt, bauen Eiweißstoffe und Zucker ab, senken den Nikotingehalt, geben dem Blatt eine gefällige Farbe, entfalten das deliziöse Aroma, veredeln den Geschmack und entwickeln die Glimmfähigkeit. Auf 50 – 70 °C sollen sich die Blätter erhitzen. Liegt die Temperatur darunter, so kann sich der Tabak nicht vollenden, das Aroma bleibt »wild«, die Farbe wird unansehnlich. Steigt die Temperatur dagegen zu hoch, so färbt sich der Tabak schwarz, er verkohlt. Auf Kuba begrenzt man die Erwärmung auf 50° C. Für helles Deckblatt sind 30 – 50 °C, für dunkles Deckblatt (Madura) 80 °C erforderlich. Alle 5 bis 8 Tage wird der Blatthaufen gewendet, insgesamt 4 bis 10mal, damit auch die außenliegenden Blätter mit in die Fermentation einbezogen werden. Und jedesmal entströmt dem Haufen ein köstlicher Duft, der an frische Bratäpfel erinnert. Erst wenn der Fermenteur mit dem Ergebnis zufrieden ist, setzt er Kühlbänke auf, wodurch die Gärung rasch ausklingt. Es ist genau wie beim Wein, den der Kellermeister aus schwerem Most bereitet und zu höchster Eleganz führt. Langjährige Erfahrung und ein besonderer Sinn für die Launen der Nicotiana gehören dazu, will man das rohe, aber vielversprechende Tabakblatt in edles Zigarrengut verwandeln.

Bekanntlich ist der Mensch mit dem, was er geschaffen hat, niemals voll zufrieden. Ein erlesener Tabak mag den betörendsten Duft verströmen, und doch scheint er nie so vollkommen, als daß er nicht noch herrlicher, noch betörender duften könnte. Lieber Freund, verehrte Freundin, haben Sie schon mal an einem Päckchen mit amerikanischem Pfeifentabak gerochen? Haben Sie das betäubende Odeur von Vanille, Menthol, Orangenöl oder aller möglichen anderen exotischen Stoffe eingeatmet? Die berauschendsten und verwirrendsten Düfte aus Tausendundeiner Nacht? Das feine, dezente Tabakaroma aber werden Sie meistens vergeblich gesucht haben. Auch Zigarettentabake werden heutzutage immer mehr aromatisiert. Nur bei der Zigarre herrscht noch immer oder endlich wieder das unverfälschte naturreine Tabakaroma vor. Allerdings werden kleine, schlanke Zigarren und fast alle Zigarillos, die sich hauptsächlich an ehemalige Zigarettenraucher wenden, gern kräftig gewürzt, so wie die alten Maya außer Tabakblättern noch andere hocharomatische Kräuter in ihre Rauchrollen steckten. Vor rund hundertfünfzig Jahren war das Parfümieren, das Behandeln mit einer Würzsauce, bei uns durchaus üblich. Hier ein Saucenrezept aus jener Zeit: »Auf 20 Pfund Tabak nehme man 8 Lot Zucker, 2 Lot Veilchenwurzel, 12 Lot Mastix, 2 Lot Alkohol, 1/4 Lot graue Ambra, 1/2 Lot Bergamottöl (1 Lot sind etwa 16 Gramm), vermische alles sorgfältig, lasse es gut ziehen und wickle den Tabak zu Zigarren.« Wohl bekomm's!

Es ist noch gar nicht so lange her, daß es in kleinen Zigarrenfabriken guter Brauch war, etwas Rum oder Arrak auf die Innenseite des Kistendeckels zu träufeln, um den Duft der Zigarren zu veredeln. Sogar die großartigen Havanna-Importen sollen noch heute mit einem Extrakt edelster Weine besprüht werden. Nun, dagegen dürfte auch der strengste, der feinschmeckerischste Zigarren-Aficionado nichts einzuwenden haben, denn Zigarren und Wein passen seit eh und je hervorragend zueinander, bilden die ideale Ehe. Auch die duftenden Zedernholzkisten, die die wertvolleren Zigarren umhüllen, sind ein durchaus sympathisches Relikt aus der Zeit der üppigen Wohlgerüche.

Das Tabakblatt ist nun also vollkommen, ist seinen Anlagen entsprechend ausgebildet. Es hat zwar erheblich an Gewicht verloren und ist dünner, schmaler und kürzer geworden, aber es gleicht einem wohlgelungenen Gedicht aus Farbe, Aroma und Geschmack. Jetzt endlich darf es sich zur Zigarre, zur Krone der Rauchgenüsse formen. Und je nach Eigenschaften erfährt es seine besondere Verwendung: als aromatische gehaltvolle Füllung, als kräftiges Umblatt oder als appetitliches Deckblatt. Immer aber wahrt es seine eigene Individualität, denn kein Tabakblatt gleicht dem anderen, selbst wenn es von derselben Pflanze stammt.

»Teils saufen sie den Tabak, teils fressen sie ihn,
und von etlichen wird er geschnupft, also daß es mich wundert,
daß ich noch keinen gefunden,
der sich ihn in die Ohren steckte.«
Hans Jacob Christoph von Grimmelshausen (1621 – 1676),
Erzähler

Provenienzen:

Die Anbaugebiete des Zigarrentabaks

Doch langsam, noch sind wir nicht soweit. – Jeder Seemann weiß, daß die Mädchen aus Rio anders sind als die in Djakarta. Und die brasilianischen Comancheros sind nicht mit indonesischen Tempeltänzern zu vergleichen.

Auch der Tabak hat überall einen anderen Charakter: er ist temperamentvoll in Brasilien, dem Land der heißblütigen Sambatänzerinnen und Fußball-Fans, innig und anmutig auf den Inseln der mandeläugigen Malaiinnen. Doch Sie brauchen nicht erst auf einem Schiff anzuheuern oder eine Kreuzfahrt zu buchen, um die duftig-würzige Vielfalt der einzelnen Tabaksorten kennenzulernen: Lassen Sie sich von Ihrem Zigarrenhändler ein gutes Sortiment zusammenstellen, dann haben Sie die ganze Welt in Ihrer kleinen Zigarrenkiste vereinigt.

Und nun bedienen Sie sich bitte, während ich versuchen will, Sie mit den Eigentümlichkeiten jeder Herkunft, jeder Provenienz bekannt zu machen:

Die Nicotiana ist ein recht anspruchsloses Kraut. Sie gedeiht unter den sengenden Strahlen der Tropensonne ebenso wie im kalten Schein des Nordlichts. Natürlich bevorzugt sie die feucht-behagliche Wärme ihrer südlichen Heimat und entwickelt nur dort den wohltuenden Duft, die angenehme Würze und die anregenden Kräfte, die sie so begehrenswert machen. Zwar wird auch in Kanada, in Norwegen und in Sibirien Tabak angebaut, aber das köstlichste Zigarrengut kommt aus den äquatornahen Gegenden Mittel- und Südamerikas sowie von den großen asiatischen Inseln. Die feinen Differenzen in Klima und Bodenbeschaffenheit, die verschiedenen »Rassen« bewirken, daß jedes Anbaugebiet einen Tabak von ganz spezifischem Charakter hervorbringt. Das Endprodukt Zigarre ist dann oft ein Tabakcocktail, der aus mehreren solchen Provenienzen gemixt ist. Fangen wir mit dem berühmtesten Tabak an, mit dem

Havanna (Kuba)

Schon bei seiner ersten Fahrt landete Christoph Kolumbus mit den beiden Karavellen Santa Maria und Pinta auf Kuba (als hätte er gewußt, daß dort der beste, der edelste und aromatischste Zigarrentabak der Erde wächst). Das feuchtheiße, gewitterschwüle Klima mit Durchschnittstemperaturen um 27 Grad begünstigt eine üppige Pflanzenwelt. Riesige Kaffee- und Ananasplantagen erstrecken sich über große fruchtbare Flächen. Das Zuckerrohr ist Kubas Reichtum. Größtes Ansehen aber hat der Tabak diesem Inselstaat gebracht. Im Westen finden Sie die berühmten Regionen von Vuelta Abajo, Remedio und Partido. Inmitten des Tabakdorados, an der schmalsten Stelle der Insel, liegt »San Cristobal de la Habana«, kurz »La Habana« (dt. Havanna), die Hauptstadt Kubas, mit einem der schönsten Häfen der Welt. Dieser Stadt verdankt der einzigartige Tabak, der in ihrer Umgebung gedeiht, seinen Namen. Havanna, das ist ein Tabak, der das Herz eines jeden Zigarrenrauchers höher schlagen läßt.

Die Krone Havannas, das Edelste und Vornehmste, was die Natur an Tabak hervorzubringen vermag, ist der *Vuelta Abajo* in der Provinz Pinar del Rio. Es fällt mir nicht leicht, die Superlative zu finden, die diesem kostbaren Gewächs gerecht werden. Atemberaubend ist sein köstlichwürziges Aroma, das nirgends auf der Welt seinesgleichen hat. In den wärmsten Bronzetönen leuchtet das wundervoll elastische Blatt. Hier und da ist es patinagleich mit regentropfengroßen Flecken besprenkelt. Ein Fehler in der Farbreinheit? Mitnichten, es ist das Emblem des besten Havanna-Deckblatts. Bei jedem Zug bildet sich ein schmaler, plastischer Aschenring; die Asche ist feingrau. Sie ist also nicht schlohweiß, wie die Asche einer guten Zigarre nach Meinung manchen Rauchers zu sein habe. Hier, auf dem Gebiet der Finca de Monterrey im Tal von Viñales, wächst der Tabak für die berühmte »Cohiba«, jene legendäre Zigarre des Comandante und Maximo Lider Fidel Castro, die kostbarste Zigarre der Welt. Als 1997 zum 30jährigen »Geburtstag« der »Cohiba« 45 Jubiläums-Schatullen mit je 50 Stück der Tabakpreziose hergestellt wurden, ersteigerte ein Engländer die erste, von Fidel Castro signierte Schatulle für 49 000 US-Dollar. Nach Deutschland kamen 6 Schatullen, die hier mit den bisher höchstwertigen Steuerbanderolen versehen wurden und zum Stückpreis von 746 (!) DM je Zigarre ihre Abnehmer fanden.

Ein herrliches Gewächs ist auch der *Remedio* aus der Provinz Santa Clara. Hocharomatisch, aber urwüchsiger, wilder, herzhafter als der Vuelta Abajo. Das knusprigbrau-

Typisches Beispiel einer Vista

ne Blatt ist äußerst spannfähig und eignet sich als Deckblatt so gut wie als Umblatt oder Einlage – eine Eigenschaft, die einmalig ist. Remediotabak brennt vorzüglich, die Asche befriedigt in Aussehen und Festigkeit selbst den anspruchsvollsten Raucher.

Östlich der Stadt Havanna wächst der hellblättrige, seidige *Partido*, der von pikanter Würze ist, sofern er in der Sonne reifen darf. Doch weil er die Eigenschaften eines hervorragenden Deckblatts besitzt, also Elastizität und Feinheit, sperrt man ihn der Mode wegen unter ein Zelt von Gazeschleiern, um ihn noch zarter und heller werden zu lassen. »Shaded« nennt man diese Prozedur. Solcher Schattentabak brennt auch langsamer, er eilt beim Rauchen nicht dem Umblatt voraus.

Fertige Havannatabake werden auf ganz besondere Weise verpackt: Die einzelnen sorgfältig nach Größe, Farbe und Beschaffenheit sortierten Blätter vereinigt man zu kleinen Gebinden (Docken); je vier Docken werden zu Malotten gebündelt; achtzig Malotten wiederum ergeben den zentnerschweren Ballen, der – von Palmblattmatten oder Baumrinde umhüllt – zu einem kantigen Block gepreßt wird. In diesen Ballen, Seronen genannt, gärt der Tabak in Muße weiter und reift zu höchster aromatischer Vollkommenheit.

Die Spitzengewächse werden auf Kuba zurückgehalten. Sie dienen als Rohstoff für die einzigartigen Havannazigarren, deren herrliches Bouquet sie zu den kostbarsten Zigarren, zu den Preziosen unter den Rauchgenüssen werden ließ. In aller Welt muß der Kenner tief in die Tasche greifen, wenn er sich eine solche Delikatesse, eine Havanna-Importe, eine echte »Habano«, zu Gemüte führen möchte.

Kuba führt zwar viele Zigarren aus, doch die meisten werden im Lande selbst degustiert. Mit einem Jahresverbrauch von 2 000 (!) Zigarren pro Kopf der Bevölkerung (Babys mitgerechnet, Omas rauchen sowieso) steht Kuba weit an der Spitze aller Länder. Die echten Havannazigarren werden auch heute noch überwiegend in kunstvoller Handarbeit gerollt. Im Ausland wurde die kubanische Fertigungstechnik nachgeahmt, und man übernahm auch die exotisch prächtige Ausstattung: die duftenden, bildgeschmückten Zedernholzkisten, die goldstrotzenden Bauchbinden und die spanischen Farb- und Fassonbezeichnungen. Habanos sind so gut und teuer, daß vor allem in Deutschland und in der Schweiz immer wieder Fälschungen auftauchen. Selbst große Namen wie »Romeo y Julieta«, »Partagas«, »El Laguito« und andere bieten keine Sicherheit. Fälschungen sind meist erst beim Rauchen zu erkennen. Daher ist der beste Schutz, in angesehenen Zigarren-Fachgeschäften zu kaufen.

Man kann wirklich nicht sagen, daß die deutschen Zigarrenmacher heute weniger Kunstfertigkeit besäßen als ihre Kollegen in Havanna, aber exportiert werden, außer den fertigen Zigarren, leider nur Tabake zweiter Wahl, Tabake, die zwar ebenfalls von vorzüglicher Qualität sind, sich aber im allgemeinen nur als Einlage eignen. Ein würziger Havannastrang in einer guten Brasil- oder Sumatrazigarre ist allerdings nicht zu verachten. Er gibt dem Aroma meist erst den rechten Pfiff und gestattet dem Fabrikanten, mit berechtigtem Stolz auf die Zigarrenkiste zu schreiben: »Mit echter Havanna-Einlage«. Sie sollten auch wissen, daß Kuba-Zigarren zwar zu den besten zählen, aber nicht jede Habano gut ist. Nicht selten schleichen sich Herstellungsfehler ein, die jeden Genuß zunichte werden lassen. Genieren Sie sich nicht, und geben Sie jede fehlerhafte Zigarre ihrem Händler zurück.

1998 produzierte Kuba rund 160 Millionen Premiumzigarren, fast alle handgemacht und aus 100 % Havannatabak, also kubanischem Tabak, bestehend. Bis zum Jahr 2000 soll sich die Produktion auf über 200 Millionen Zigarren jährlich erhöhen. Bis dahin könnte das US-Embargo aufgehoben sein, wodurch sich die Nachfrage nach Habanos ins Unermeßliche steigern würde.

Domingo (Dominikanische Republik)

Neben Kuba ist die Dominikanische Republik auf der Nachbarinsel Hispaniola das bedeutendste Tabakland der Karibik und der weltgrößte Hersteller von Premiumzigarren. Heute gehen alljährlich über 100 Millionen fast ausschließlich handgearbeitete Zigarren von hoher Qualität in den Export, in die Vereinigten Staaten von Nordamerika, aber auch nach Europa. Als Fidel Castro als Antwort auf das US-Embargo fast alle Tabakplantagen und Zigarrenfabriken auf Kuba enteignete, zugleich aber von den USA ein Zigarrenboom ausging, suchten die Tabak-Unternehmen in der Karibik nach adäquaten Anbaugebieten und fanden sie auf der Nachbarinsel Hispaniola (früher Haiti bzw. Santo Domingo), der zweitgrößten Westindischen Insel, und zwar auf deren Ostteil: in der Dominikanischen Republik. Im wunderschönen 225 km langen und äußerst fruchtbaren Cibaotal nahe der Halbmillionenstadt Santiago de Los Caballeros, durch das der wasserreiche Rio del Yaqui del Noste fließt, wachsen Tabake, die nahezu die Qualität kubanischer Sorten erreichen. Hier wirken über 5000 Tabakfarmer, die die großen Hersteller, allen voran Zino Davidoff, Alfred Dunhill und Arturo Fuente, beliefern. Einlage und Umblatt der »Domingo-Zigarren« kommen aus dem Lande selbst, als Decker wird überwiegend ein Connecticut-Shade-Deckblatt verwendet, das ursprünglich aus dem Neuengland-Staat Connecticut der USA stammt, heute aber zunehmend auch in der Dominikanischen Republik angebaut wird. Die Namen der Zigarren lauten, um nur einige zu nennen, Don Diego, H. Upmann, Montecristo, Montecruz, Primo de Rey, Cuesta Rey, Arturo Fuente, Santa Damiana, Hoyo de la Romana.

Honduras

Die Enteignungswelle auf Kuba in den 60er Jahren zwang viele Hersteller zur Auswanderung in Nachbarstaaten, wie die USA, die Dominikanische Republik, aber auch nach Honduras, das zwar keine lange Tradition im Tabakanbau und in der Zigarrenherstellung aufzuweisen hat, aber in den Gebieten von Santa Rosa de Copán und Danli ähnliche Boden- und Klimavoraussetzungen bietet wie Kuba. Kubanisches Tabaksaatgut und kubanische Fachleute trugen dazu bei, daß Honduras als Tabakland heute gern mit Kuba verglichen wird. Obwohl die Honduras-Premiumzigarren in ihrer Qualität noch nicht mit den Habanos Schritt halten können, ist Honduras neben der Dominikanischen Republik heute die Nr. 2 in der Zigarrenproduktion. Über 70 Millionen »handmade cigars« gingen 1997 allein in die Vereinigten Staaten.

Nicaragua

Auch die zentralamerikanische Republik Nicaragua konnte von dem Zigarrenboom und dem Embargo über Kuba profitieren. Die ausgezeichneten Bodenverhältnisse, die der roten Erde des kubanischen Vuelta Abajo entsprechen, vor allem bei Esteli, und der verwendete Havanna-Samen führen zu Premiumzigarren, die den Habanos kaum nachstehen und nach Meinung vieler Fachleute sogar die »Domingos« und die »Mexikanos« übertreffen. Sie sind allerdings ein wenig milder, weniger kraftvoll. Doch über Geschmack läßt sich bekanntlich nicht streiten. Neben Kuba, Mexiko und der Dominikanischen Republik gehört Nicaragua zu den Ländern, die Zigarren zu 100 Prozent aus eigenen Tabaken herstellen können.

Mexiko

In Mexiko, dem Land der blutgierigen Kojoten und der farbenprächtigen Quesals, wo man leckere Leguane verspeist und dazu Tequila, den vergorenen Saft der Maguey-Agave, schlürft, wird schon seit mehr als tausend Jahren Tabak angebaut. Mexiko, das einst die mächtigen Kulturreiche der Maya und Azteken umfaßte, gilt als die Geburtsstätte der Zigarre.

Kein Wunder also, daß hier seit eh und je ein ganz vortrefflicher Tabak gedeiht, ein urwüchsiger Tabak von eigenartigem, exotischem Geschmack. Die großen, kräftigen Blätter sind von schwärzlich-grauer Farbe und mit einem feinen Flaum bedeckt. Sie fühlen sich an wie das seidenweiche Fellchen einer Maus. Früher waren Mexikozigarren sehr gefragt, denn man schätzte den mausgrauen Farbton und vor allem die außergewöhnlich weiße Asche, die der Tabak beim Abglimmen zurückläßt. Leider aber störte es den deutschen Raucher, daß »Mexikos« sehr »trocken« auf der Zunge sind, eine Eigenschaft, die merkwürdigerweise nur in der Alten Welt spürbar ist. Rauchen wir die gleiche Zigarre in ihrem Ursprungsland oder sonstwo auf der Welt, dann schmeckt sie ganz famos. Sicherlich dürfte an dieser fatalen Geschmacksveränderung das rauhe europäische Klima schuld sein. In richtiger Mischung allerdings entfalten die Tabake aus Veracruz, Tabasco und Oaxaco eine angenehme Fülle von Duft und Geschmack, als Umblatt oder Einlage, vor allem aber auch als Deckblatt.

Mexikanische Zigarren, kurz »Mexikos« oder – wegen ihrer schwarzgrauen bis schwarzbraunen Farbe – »Maduros« (span. die Reifen) genannt, bestehen gänzlich aus landeseigenen Tabaken. Die wichtigsten Anbaugebiete sind Veracruz und Tabasco, insbesondere das Gebirgstal von San Andrés Tuxtla, der »Mexikanischen Schweiz«, in der seit über 500 Jahren Tabakanbau betrieben wird. Heutzutage kommt aber ausschließlich Havannasamen zur Aussaat. Exportiert werden handgewickelte Zigarren sowie Einlage-, Umblatt- und Deckblatt-Tabake. Bekannt ist bei uns die würzige Marke Te-Amo des größten mexikanischen Zigarrenherstellers Nueva Matacapan Tabacos. Die weitaus meisten Mexiko-Zigarren werden jedoch im Lande selbst verkonsumiert, in dem schon die alten Maya rauchten und wo man noch bei seiner Hinrichtung zu rauchen pflegt, wie Capitan Fortino Samano, ein gefürchteter Guerillero des mexikanischen Freiheitskämpfers Emiliano Zapata, bewies, der am 12. Juli 1917 mit seiner geliebten Puro zwischen den Lippen exekutiert wurde.

Sonstige Karibik

Weniger bekannt, doch erwähnenswert sind die Premiumzigarren, die auf einigen Karibikinseln aus Importtabaken
hergestellt werden, wie die berühmten leichten, aber aromatischen »Macanudos« aus *Jamaica* und die »Royal Barbados Cigars« der westindischen Commonwealth-Insel
Barbados.

Brasil (Brasilien)

Fern den undurchdringlichen, geheimnisvollen Urwäldern
des Amazonas, fern den gefürchteten Tararácas, den töd-
lichsten Giftschlangen dieser Erde, fern von Jaguaren,
Vampiren, Kolibris und Piranhas, in den friedlichen Gefil-
den der mittelbrasilianischen Atlantikküste blüht die »Flor
de Brasil«, die schönste, edelste, duftendste Tabakblume
des amerikanischen Kontinents. Sie blüht in den fruchtbaren Landstrichen rings um São Salvador, dem Mekka der
Tabakhändler und Zigarrenfabrikanten; São Salvador oder
genauer »Cidade do Salvador da Bahia des Todos os San-
tos«, zu deutsch: »Stadt des Erlösers an der Allerheiligen-
bucht«; die Einheimischen nennen ihre Stadt kurz »Bahia«
(= Bucht).

Inmitten von Kaffee-, Kakao- und Baumwollfeldern,
umgeben von Kokospalmen und Gummibäumen wächst
ein eleganter, hocharomatischer Tabak gleichen Namens,
der als »Brasil« weltberühmt wurde. Das Aroma des Bahia-
tabaks ist markant und würzig und steht dem des großen

Havanna kaum nach. Die Farbe des wohlgeformten Blattes erinnert an mattes Ebenholz oder an die dunkelhäutigen Körper der Pflanzer, die dieses köstliche Kraut auf eigenen kleinen Äckern anbauen. Die Farbe ist ein echtes, natürliches »Tabakbraun« von vollendeter Reinheit. Viel besungen wurde die Schönheit des ruhigen, weißen »Brasilbrandes« sowie das feine Blau der kräuselnden Rauchwolken, das in solcher Vollkommenheit bei keinem anderen Tabak anzutreffen ist.

Der Bahia ist der vielseitigste Tabak, denn er harmoniert mit jedem anderen Zigarrengut, mit karibischen und indonesischen, sogar mit deutschen Tabaken. So wie erst eine wohlbemessene Prise Gewürz kulinarische Köstlichkeiten vollendet, verlangt jede exquisite Zigarre – die Habana ausgenommen – nach einem Quentchen Brasil, auch die helle Sumatra. Am wohlsten fühlt sich der Bahia natürlich, wenn er als Deckblatt eine gute Brasilzigarre schmückt und sie mit seinem unvergleichlichen Bouquet veredelt.

Die Spitzengewächse des Brasils, die Aristokraten unter den dunklen Tabaken Südamerikas, gedeihen in den Distrikten westlich der Stadt Bahia, beiderseits des träumerisch dahinfließenden Paraguasso, auf den fruchtbaren Böden von »Cruz das Almas«, »São Felix«, »São Conzalo«, »Almeida«, »São Felippe« und »Maragogipe« sowie in dem Landstrich »Reconcavo«, der die drei Anbaugebiete »Mata Fina«, »Mata Sul« und »Mata Norte« umfaßt. Das sind die Namen, die jeden Kenner auf das höchste entzücken. Aber auch die Tabake der nördlichen Distrikte, die Gewächse aus »São Amaro«, »Feira de S. Anna« und »Alagoinhas«, sind kaum weniger würzig und pikant. Im Bundesstaat Alagoas befindet sich das Anbaugebiet »Arapiraca«, wo die feinsamtenen, dunklen Brasil-Deckblätter wachsen.

Brasilien ist ein Land voller Gegensätze, ein Land voll wilder, ungezügelter Temperamente. Es gibt Jahre, in denen kein Regentropfen die durstigen Blätter netzt, in denen die Tabakpflanzen verdorren, die Blätter scheckig und fleckig werden. Und es gibt Jahre, in denen sich tagelang, mitunter sogar wochenlang wahre Sturzbäche über die Tabakstauden ergießen. So kommt es, daß die Ernte in jedem Jahr völlig anders ausfällt. Um trotzdem eine möglichst gleichbleibende Qualität zu erzielen, gingen die brasilianischen Packfirmen dazu über, Tabake aus verschiedenen Jahrgängen zu mischen, zu verschneiden, so wie es mit den Weinen der Charente geschieht, aus denen ein guter Cognac gebrannt werden soll. Die rund 70 kg schweren Brasilballen sind in dichtes Juteleinen gehüllt, das die grün-gelben Landesfarben und das brasilianische Sternwappen zieren. Auf die Stirnseite der Ballen ist mit schwarzer Farbe das »Märk« gemalt. Daraus sollen Händler und Fabrikanten erkennen, wer den Ballen gefüllt hat und was er enthält. Das Märk ist sozusagen die Visitenkarte des Tabaks.

Als erstes wird der Name der Packfirma erwähnt, schlicht Packer genannt, oder richtiger ein Mädchenname, denn es ist ein schöner Brauch in Bahia, statt der nüchternen Firmenbezeichnung den Vornamen eines weiblichen Wesens anzugeben, vielleicht den Namen der Braut oder der Tochter des steinreichen Packherrn. So entdecken wir auf den Brasilballen die wohlklingenden Namen Aldeira, Clementine, Esmeralda, Esperanca, Georgina, Izabel, Laura, Leda, Lucrecia, Regina, Silva, Stella, Tosca, Zuzuca usw.

Viele solche Namen finden schon seit mehr als hundert Jahren Verwendung und haben inzwischen Weltruhm erlangt. Aus ihnen ist ein Warenzeichen geworden, das bestmögliche Qualität bei entsprechendem Preis verbürgt.

Ferner sagt uns das Märk, aus welchem Anbaudistrikt der Tabak stammt und welcher Güteklasse die Blätter angehören. Der Distrikt erscheint für jeden erkennbar unter seinem vollen Namen, zum Beispiel »Cruz das Almas« oder »São Conzalo«. Die Güteklassen aber werden durch Symbole ausgedrückt. Jedes Tabakland, ja sogar jedes größere Anbaugebiet hat seine eigene Zeichensprache. Die vielen hundert Symbole richtig zu deuten ist eine Wissenschaft für sich. Mit südländischem Vergnügen an liebenswürdiger Zutat werden die Ballen meist noch mit prunkvollen Wappen und anderem üppigem Zierat bemalt, bevor sie ihre lange Reise in die Alte Welt oder nach Nordamerika, neuerdings auch in die Karibik, antreten.

Im untersten Zipfel Brasiliens, in der Nähe der Hafenstadt Porto Alegre, wächst der *Rio Grande*. Er ist kein echter Brasil, obwohl er in Brasilien angebaut wird; er ist eben der spezifische Rio Grande. Hier steht die Sonne nicht so steil über den Pflanzungen wie in Bahia. Dem Rio Grande fehlt daher die herrliche Würze, das tiefe, ebenholzfarbene Braun seines großen Bruders. Die Farbe spielt leicht ins Rötliche, ins Kastanienbraune; »castanha« ist eine häufige Farbbezeichnung. Nur mögen die Raucher keine »roten« Zigarren. So muß sich dieser großblättrige, elastische und nicht unpikante Tabak in das Innere der Zigarre verkriechen, wo er als Umblatt oder Einlage aber ausgezeichnete Dienste tut.

»Alles Schwarze ist böse«, lautet eine Volksweisheit, die jedoch keinesfalls auf die Brasilzigarre anzuwenden ist. Sie ist auch nicht schwer, wie oft behauptet wird. Im Gegenteil, der brasilianische Tabak gilt als leicht und süffig, leichter jedenfalls als der meist viel kräftigere Havannatabak.

Ecuador

Auch der südamerikanische Staat Ecuador an der Küste des Pazifik ist ein Tabakland. Hier gewinnt man aus nordamerikanischem Connecticut-Samen ein ausgezeichnetes Deckblatt, das so manche karibische Zigarre schmückt.

Nordamerikanische Tabake

In den Vereinigten Staaten, im Lande des Kalumets, der indianischen Friedenspfeife, werden hauptsächlich Zigaretten- und Pfeifentabake angebaut, die uns im Rahmen dieses Büchleins nicht interessieren. Aber von hier kommt auch so manch kräftig-würziges »Schwergut«, das in Europa zu Virginierzigarren, Toscani und Stumpen verarbeitet wird.

An der Spitze steht der ursprünglich goldgelbe *Virginia*, der durch Naturfermentation ein tiefes Ebenholzbraun annimmt. Die Blätter – die hocharomatischen »darks« – werden in gewaltige mannshohe Holzfässer gepreßt, von denen jedes einzelne 10 bis 15 Zentner schwer ist, also einem Tabak-Koloß gleicht. Der dunkle Virginia bildet die Grundlage für die mörderischen, aber faszinierenden »Virginierzigarren« der österreichischen Tabakregie (staatliche Monopolverwaltung des Tabakanbaus und der Tabakverarbeitung).

Ähnlich schwer und gehaltvoll ist der nikotinreiche *Kentucky*, der in Norditalien zu männerumwerfenden »Toscani« und in der Schweiz als Beimischung zu soliden »Stumpen« gerollt wird. Wenn ich Ihnen noch verrate, daß der Kentucky auch zu »Schmalzler« (Schnupftabak) und »Priem« (Kautabak) verknetet wird, dann wissen Sie, welch köstliches Kraut Sie hier erwartet.

Aus *Florida*, besonders aus Miami, kommen Zigarren, die fast ausschließlich in den Staaten geraucht werden. Exilkubaner betreiben im Stadtteil Little Havana einige Dutzend Zigarrenmanufakturen (span. Chinchales), in denen sie Tabak aus Nicaragua, Honduras, aus der Dominikanischen Republik und aus Connecticut verarbeiten. Aber auch in Florida selbst wird heute zunehmend Tabak angebaut.

Aus *Connecticut*, dem Neuengland-Staat im Nordosten der USA, kommen helle, sumatraähnliche Zigarrentabake, die sehr zäh und elastisch sind, gut glimmen, eine angenehm weiße Asche zurücklassen und sich daher vorzüglich als Zigarrendecker eignen. Sie verleihen vor allem den aus karibischen Tabaken bestehenden Zigarren ein krönendes Aroma und appetitliches Aussehen. Als Deckblatt besonders geeignet ist der »Connecticut Broadleaf« mit seinen extrabreiten Blättern und der unter Schattendächern (meist Folie oder Tüllschleier) wachsende »Connecticut Shade«

»Feine Sorte«
(nach einem Gemälde von Friedrich Hiddemann, 1829 – 1892)

mit seinem hellen, makellos reinen zartädrigen Blattwerk.
Connecticut-Tabake werden heute auch in verschiedenen
Karibik-Ländern sowie in Ecuador angebaut und verarbei-
tet. Wegen ihrer geringen Zerbrechlichkeit können die

Connecticut-Deckblätter sogar maschinell über die Zigarren gerollt werden.

Sumatra

Als die holländischen Kolonialherren im Jahre 1863 auf Sumatra die ersten Tabakplantagen gründeten, ahnten sie noch nicht, daß dort einmal das kostbarste, teuerste Deckblatt der Welt geerntet werden würde: das berühmte Sumatra-Sandblatt.

Korallenriffe umschließen das mächtige Eiland. Den üppigen immergrünen Mangrovenwald durchstreifen Orang-Utan, Elefant und Tapir. In den fruchtbaren Niederungen reifen Tee, Zucker, Kampfer und Vanille. Sumatra ist in allem das völlige Gegenteil von Brasilien. Hier der milde, weiche Monsunregen, dort die schweren tropischen Wolkenbrüche. Hier die stillen, schweigsamen Malaien und Chinesen, dort die lauten, temperamentvollen Schwarzen und Indios. Hier die wohlorganisierten Großplantagen, dort die kleinbäuerlichen Betriebe. So hat auch der sanfte, weiche Sumatratabak einen völlig anderen Charakter als sein würziger, süffiger Antipode.

Die riesigen, einst holländischen Tabakplantagen, darunter die berühmte Deli Maatschappij (holl. maatschappij = Gesellschaft), liegen im Nordwesten der Insel, an der Straße von Malakka, in den Distrikten Deli, Langkat und Serdang. 1958 gingen sämtliche Plantagen in das Eigentum der Republik Indonesien über.

Das Sumatrablatt ist seidenweich, hauchdünn und dennoch äußerst spannfähig, so daß es sich sogar für eine maschinelle Verarbeitung eignet. Es strömt einen feinen, unaufdringlichen Duft aus, hat einen wohltuenden Brand und harmoniert mit fast allen Tabakarten. Kurz: es ist ein Zigarren-Deckblatt par excellence; hauteng schmiegt es sich selbst um die kompliziertesten Fassons.

Das Besondere am Sumatra aber ist seine schöne, helle Farbe, die ihn zum beliebtesten Tabakdeckblatt werden ließ. Noch heute werden von 10 in Deutschland hergestellten hellen Zigarren der höheren Preislagen immerhin 9 mit Sumatra gedeckt. Das war nicht immer so. Ursprünglich hatte auch das Sumatrablatt eine »tabakbraune« Farbe wie alle anderen Tabaksorten. Nur das Sandblatt, das tief unter den anderen Blättern ein Schattendasein führt und oft sogar auf dem Boden, auf dem »Sande«, liegt, ist heller gefärbt. Die Pflanzer warfen das schmutzige, fahle Blatt kurzerhand weg, weil es ja doch niemand haben wollte. Im Jahre 1905 aber ließ sich eine süddeutsche Zigarrenfabrik einige Ballen dieses »Abfalls« kommen, gegen Erstattung der Verpackungs- und Versandkosten. Das war die preisgünstigste Sandblattpartie, die je ein Hersteller erwarb. Der deutsche Fabrikant hatte entdeckt, daß dieses Aschenputtel unter den Tabakblättern noch bessere Qualitäten aufwies als das herrliche Mittel- und Hauptgut des Sumatra. Es hatte nur einen Fehler: es war zu hell, wesentlich heller als die bisher üblichen Deckblätter. Trotzdem wagte es der Fabrikant, eine Wagenladung Zigarren mit diesem ungewöhnlichen Deckblatt zu versehen.

Den Ausgang dieses Wagnisses kennen Sie. Die Raucher waren begeistert. Die helle Zigarre kam schnell in Mode und drängte die dunkle beiseite. Aber so viele Sandblätter gab es gar nicht, wie die Hersteller jetzt anforderten. Die Preise stiegen ins Phantastische. Die Pflanzer auf Sumatra begannen, einen neuen Tabak zu züchten mit ausschließlich sandblattfarbenen Blättern. Noch heute werden riesige Netze über die Tabakfelder gespannt, um im Halbschatten ein besonders lichtes Blatt heranwachsen zu lassen.

Die Sumatrablätter werden mit größter Gewissenhaftigkeit sortiert und sorgfältig in schön geflochtenen Matten verpackt. Die etwa 80 kg schweren Ballen kommen in der alten Tabakstadt Bremen zur »Einschreibung«, einer Art Auktion. Dabei geht es meistens hoch her, denn Sumatratabak ist noch immer stark gefragt, und die Preise sind entsprechend hoch. Für gutes Sumatra-Deckblatt wird heute ein höherer Kilogrammpreis gezahlt als für das Edelmetall Silber!

Mit indonesischen Tabaken stellen die Niederländer sogenannte trockene Zigarren her, kleinformatige Zigarren, die nur einen geringen Feuchtigkeitsgehalt aufweisen und in Deutschland, Österreich, Frankreich, der Schweiz und den Niederlanden sehr beliebt sind. Diese »trockenen Zigarren« nennt man auch »Holländische«, »Deutsche« oder »Europäische Zigarren«. Sie sind nicht besonders empfindlich, benötigen keine besondere Pflege (Humidor) und schmecken sogar recht gut, vor allem dann, wenn ihre Einlage mit Tabaken anderer Provenienzen gewürzt wurde, mit Tabaken aus Mexiko, Kuba, Kamerun, USA, Italien, Deutschland. Als Deckblatt wird fast immer helles Sumatra oder dunkles Brasil verwendet. Der Verschnitt aus vielerlei Tabaken erfordert eine zerkleinerte Einlage (Kurzblatt-Einlage, Shortfiller), die eine maschinelle Herstellung von Zigarren und damit niedrigere Verkaufspreise ermöglicht. Übrigens kann man die »trockenen Zigarren« auch in Humidor lagern, wo sich nach einigen Wochen ihr Feuchtigkeitsgehalt erhöht und ihr Geschmack an Milde gewinnt; doch sollten sie niemals neben Karibikzigarren liegen, deren Aroma durch die enge Nachbarschaft verändert werden könnte.

Java

»Auf Java ist das Tor zur Unterwelt.« Dieses malaiische Wort enthält viel Wahrheit, denn über hundert brodelnde Vulkanberge bedecken die dichtbesiedelte Sunda-Insel. »Goenoeng Goentoeng« und »Galoenggoeng« sind die unheilverkündenden Namen der gefürchteten Vulkane. Jederzeit können sie erneut ausbrechen und glühende Lavamassen über das Land schleudern. – In den Felsenhöhlen der Küste brüten die Salanganen, deren hauchdünne Speichelnester zu einer deliziösen Suppe, der berühmten »chinesischen Schwalbennestersuppe«, verarbeitet werden. Pfeffer, Zimt, Tee und vor allem Tabak gedeihen auf der fruchtbaren Vulkanerde. Zwei hervorragende Tabaksorten streiten sich um den Ruhm, der beste Tabak Javas zu sein: der Vorstenlanden und der Bezoeki (Besuki).

Der *Vorstenlanden* besticht durch seinen eigentümlichen Geschmack nach frischen Nüssen und durch seine samtweich schimmernde schwarzbraune bis silbergraue Farbe. Als Einlage verspricht er eine prachtvoll luftende Zigarre. Seine feste Konstitution läßt ihn auch als Umblatt prädestiniert erscheinen. Hier sind es besonders die kleinen

»Pietjes«, die den Zigarrenwickel zuverlässig umschließen. Als Deckblatt gar entfaltet er ein köstlich sanftes Aroma und gefällt durch seinen schönen »Perlbrand«, bei dem die schneeweiße Asche mit feinen silbrigen Körnchen übersät ist. Der Vorstenlanden kann zwar nicht mit dem eleganten Sumatra konkurrieren, doch ergibt er Zigarren, die Zunge und Gaumen gleicherweise erfreuen. Übrigens sind die Vorstenlanden kein fest umrissenes Anbaugebiet, sondern mehrere besonders fruchtbare Landstriche, die einst von eingeborenen Fürsten (holl. Vorst = Fürst) regiert wurden.

Der *Bezoeki* steht dem Vorstenlanden kaum nach. Sein unaufdringliches Aroma ist von angenehm weicher Würze. Die Farbenskala reicht von sumatrahell bis kastanienbraun. Bezoeki wird besonders gerne als Einlage oder Umblatt verarbeitet, denn er ist ein »Tabak, der nichts verdirbt«, wie die Fachleute sagen.

Manila (Philippinen)

Im Jahre 1521 entdeckte Fernão de Magalhães die Philippinen und nahm sie für Spanien in Besitz. Diese Entdeckung bezahlte der große Seefahrer mit dem Tod, denn bald darauf fiel er im Kampf mit den Eingeborenen. Wenige Jahre später wurden die Philippinen eine Provinz des spanischen Vizekönigreichs Mexiko. Im ausgehenden 16. Jahrhundert brachten spanische Missionare Tabaksamen aus Kuba in das Land der 7000 Inseln, und seitdem, seit vierhundert Jahren also, wird auf den Philippinen Tabak angebaut.

Unter dem Namen *Filipino* kommen die feinwürzigen philippinischen Tabake heute in den Handel. Die Blätter sind groß und schmal, ziemlich dunkel und haben einen makellosen Brand. Als Decker eignen sie sich weniger, weil sie nicht elastisch genug sind und die Unart haben, sich beim Brennen zu »werfen«, eine Wulst zu bilden, die den Brand stoppt. Aber als Einlagetabak genießt der Filipino einen guten Ruf. Die angenehmsten Tabake kommen aus den Provinzen Isabella und Cagayan der Hauptinsel Luzon.

Manila ist die Hauptstadt des tropischen Inselstaates. Und unter dem Namen *Manila* gelangen die feinen, im Lande handgemachten Zigarren in den Handel. Einlage (Longfiller) und Umblatt bestehen meist aus Filipino-Tabak, oft werden dominikanische und brasilianische Tabake dem Filler beigefügt. Das Deckblatt kommt aus Java oder aus den USA (Connecticut Shade). Die bekanntesten Zigarrenmarken sind »La Flor de la Isabella« aus einer der ältesten Zigarrenfabriken der Welt, gegründet 1581 im bezaubernden Cagayan-Tal, und »Don Juan Urquijo«.

Kamerun

Nach 1884 begann eine Hamburger Plantagengesellschaft im Bezirk Bibundi der deutschen Kolonie Kamerun mit dem Anbau von Tabak. Am Fuße des 4070 m hohen Kamerunberges gedeihen im feucht-schwülen küstennahen Tropenklima vorzügliche Deckblatt-Tabake, die wegen ihrer geringen Dicke, ihrer hohen Elastizität und ihres kräftigen Aromas schon vor dem Ersten Weltkrieg und heute mehr denn je in aller Welt geschätzt werden. Im Schatten ständigen Nebels, der hier die sonst üblichen Folien- oder Gazedächer ersetzt, entwickelt sich ein besonders helles und reines Tabakblatt, das in vielen Zigarrenländern, vor allem in der Karibik und in den USA, anstelle des Connecticut Shade Zigarren veredelt. Kameruntabak wird auch gern als Umblatt verwendet.

Deutscher Tabak

Seit dem Dreißigjährigen Krieg hat der Tabak auch in Deutschland eine Heimat gefunden. In Baden, in der Pfalz und in der Uckermark, dem nördlichsten Teil der Mark Brandenburg, wächst ein ausgesprochen gepflegtes Zigarrengut, das weit besser ist als sein Ruf. Moderne Anbaumethoden und die Züchtungserfolge des Forchheimer Tabakinstituts haben einen Tabak geschaffen, der es mit manchen Exoten durchaus aufnehmen kann und als Einlage, Umblatt, manchmal sogar als Decker ganz ordentliche Zigarren ergibt. Deutscher Tabak hat einen geringen Nikotingehalt und dient vor allem als Ausgleich bei vielen Shortfiller-Mischungen.

»Wo der Tabak wächst,
kann kein Haß gedeihen.«
Kubanisches Sprichwort

Ein Kunstwerk entsteht

Die Zigarre ist ein Kunstwerk. Daran kann es gar keinen Zweifel geben. Die Auswahl der Tabaksorten, ihre wohlabgewogene Mischung und die Vereinigung der Blätter zu duftenden Rauchrollen ist eine Kunst, die der Kochkunst und der Kunst der Weinpflege durchaus ebenbürtig ist. Um das Kunstwerk Zigarre gebührend würdigen zu können, ist es allerdings vonnöten, einiges über Aufbau und Herstellung der Zigarre zu wissen. Fangen wir an mit der

Anatomie der Zigarre

Das aufregende Wort »Anatomie« mag Sie um Himmels willen nicht dazu verleiten, im ungestillten Wissensdrang nun eine Zigarre zu zerlegen, um hinter die Geheimnisse dieses exotischen Wesens zu kommen. Der Appetit könnte Ihnen bei dem makabren Unterfangen, die Innereien der Zigarre zu entwirren, vergehen, sezieren wir doch auch das Rebhuhn nicht, bevor es, lecker mit Trüffeln gefüllt und knusprig gebraten, auf dem Tisch erscheint. Lassen Sie das Kunstwerk vielmehr wirken, im wahrsten Sinne des Wortes, indem sie es rauchen. Und entscheiden Sie dann, ob Ihnen die Kunstrichtung zusagt, ob Sie Geschmack an der erkorenen Zigarre finden oder nicht. Gefällt sie nicht, nun

gut, machen Sie sich nichts daraus; probieren Sie die nächste anderer Provenienz. Chacun à son goût. Nicht jeder schwärmt für Gainsborough, vielleicht mögen Sie Jan Steen? So ist es bei der Malerei, so ist es bei der Zigarre, so ist es überall, wo der persönliche Geschmack mitentscheidet.

Üblicherweise beginnt man mit einer Definition. Verehrte Aficionada, verehrter Aficionado, was ist eine Zigarre? Nun, das ist doch klar, nicht wahr? Eine Zigarre ist ein Genußmittel aus Tabak, das zum Rauchen bestimmt ist. Und was ist eine Zigarette? Aha! Sagen Sie es nur: Die Zigarette ist mit Papier umwickelt, die Zigarre nicht. Außerdem wird die Zigarre aus ganzen Tabakblättern bzw. aus Blattstücken hergestellt und nicht aus Feinschnitt wie die Zigarette. Dieses wesentliche Unterscheidungsmerkmal hat das Tabaksteuergesetz festgelegt, denn Zigaretten werden mit durchschnittlich 56 Prozent Tabaksteuer belastet, Zigarren dagegen mit nur 29 Prozent. Wir können also sagen: Wer Zigarren raucht, spart Steuern.

Nun weiter: Eine normale Zigarre besteht – das wissen Sie längst – aus Einlage, Umblatt und Deckblatt.

Die Einlage, auch »Filler« genannt, ist das Herz der Zigarre und setzt sich aus ein, zwei, drei verschiedenen Tabaksorten zusammen, die wohl aufeinander abgestimmt sein müssen. Die Einlage hat den weitaus größten Anteil an der Zigarre und ist daher für deren Gehalt, für deren »Leichte« oder »Schwere«, sowie für die Vollkommenheit des Geschmacks verantwortlich.

Ursprünglich bestanden die Zigarren nur aus wenigen Tabakblättern, die eng zusammengerollt die ganze Länge der Zigarre ausfüllten. Solche Zigarren mit »Langblatt-Einlage« (Longfiller) erfordern besonders guten Tabak und hochqualifizierte Hersteller, denn es ist nicht leicht, aus wenigen Blättern eine exzellent schmeckende, wohproportionierte und gut funktionierende Zigarre zu wickeln. Zigarren mit Longfiller kommen heute vorwiegend aus dem karibischen Raum und haben ihre größten Abnehmer in den Vereinigten Staaten. Böse Zungen behaupten, daß die meisten Amerikaner nur deshalb »Longfiller Cigars« rauchen, weil sie auf den Zigarren herumzukauen pflegen, was keine Shortfiller-Zigarre aushält.

Die Zigarren mit Kurzblatt-Einlage (Shortfiller) haben die Niederländer erfunden, weil ihre indonesischen Tabake nur in der Mischung mit anderen Tabaken geschmackliche Größe erreichen. Ihre Einlage besteht aus gerissenen oder kleingehackten Tabakblättern, die man nach Belieben und Geschmack mit bis zu 40 oder mehr verschiedenen Tabaksorten verschneiden kann, mit Tabaken aus der Karibik, aus Brasilien und anderen Ländern. Solche Shortfiller-Zigarren brennen meist besser, luften besonders gut und schmecken keineswegs schlechter als Longfiller-Zigarren. Sie lassen sich gleichmäßiger rollen, können auch extrem schlank sein und vertragen sogar eine Maschinenherstellung, was ihren Preis erheblich reduziert. Alles spricht daher für die Shortfiller-Zigarren, und doch scheint hochpreisiges Rauchwerk das Ansehen des Aficionado, der Aficionada zu erhöhen. Und wer gar eine echte Habano, eine Puro, vollkommen aus Tabaken desselben Anbaugebietes hergestellt, degustieren darf, der weiß um die Köstlichkeit edelsten Tabakgenusses.

Wie den Jahrgangssekt gibt es auch Jahrgangszigarren, »Vintage Cigars«, die aus besonders ausgewählten Tabaken eines Jahrgangs hergestellt werden. Angegeben wird hierbei das Jahr, in dem der Tabak wuchs, nicht das Jahr, in dem die Zigarre gewickelt wurde, denn guter Tabak bedarf oft längerer Lagerung, wobei drei bis fünf Jahre keine Seltenheit sind. Heutzutage begegnet der Aficionado nur noch selten einer Jahrgangszigarre. Gefragt ist vielmehr eine gleichbleibende Qualität, und die erreicht man nur durch Verschnitt.

Das Umblatt soll die Einlage wie ein Muskel umschlingen und zusammenhalten. Es muß besonders zäh und spannfähig sein, um dieser krafterfordernden Aufgabe gewachsen zu sein. Das Umblatt ist der »Hauptfeuerträger« der Zigarre. Hat es gute Brenneigenschaften, so können wir sicher sein, daß unsere Zigarre flott verglimmt und somit angenehm »leicht« erscheint.

Das Deckblatt, auch »Decker« genannt, ist gewissermaßen die Haut, die die Zigarre umhüllt, ihr ein sympathisches Aussehen verleiht und das faszinierende Bouquet entwickelt. An das Deckblatt werden höchste Anforderungen hinsichtlich Elastizität, Schmiegsamkeit, Weichheit, Farbreinheit und Aroma gestellt. Auch die gute Brennfähigkeit der Zigarre hängt nicht zuletzt von seiner Beschaffenheit ab. Hinzu kommt die amüsante Forderung mancher Raucher, daß das Deckblatt eine reinweiße Asche zu hinterlassen habe; auch diese gilt es gelegentlich zu erfüllen. – Gegensätze ziehen sich bekanntlich an. Darum sollte das Deckblatt möglichst anderer Provenienz sein als das dicht anliegende Umblatt. Blätter ein und desselben Tabaks vertragen sich oft nicht miteinander und beeinträchtigen dann die Güte der Zigarre. So sehnt sich das Java-Umblatt zum Beispiel nach einem Brasildecker, das Havanna-Umblatt wiederum schätzt den Sumatradecker. Auf jeden Topf seinen Deckel.

Wickeln und Rollen

In den großen, luftigen Lagerhallen der Zigarrenfabriken stapeln sich die Ballen mit dem Tabak aus vieler Herren Länder. Am liebsten würde man sie dort liegenlassen und sich an ihrem Wert erfreuen, sind doch Provenienzen darunter, die mit Silber aufgewogen werden können. Aber es sollen ja Zigarren daraus werden, kleine erlesene Tabakkunstwerke.

So werden also die Tabakballen oder Tabakfässer geöffnet. Man sprüht Wasserdampf auf das zusammengepreßte trockene Kraut und löst es voneinander. Maschinen reißen den Blättern die holzigen Rippen heraus und schneiden das Blattwerk, das für die Einlage bestimmt ist, in zigarrenlange Streifen. Nicht zu klein dürfen diese Streifen sein, sonst verklumpen sie in der Zigarre und blockieren den Rauchstrom. Auch sollten sie nicht zu groß sein, denn immerhin sollen ja mehrere verschiedene Tabake in die Zigarre hineinpassen. Zuletzt entzieht Heißluft den Streifen überflüssige Nässe, damit die Zigarre später nicht schimmelt. – Die für Umblatt und Deckblatt vorgesehenen Tabakblätter werden mit der Hand schonend halbiert, wobei die Rippe verschwindet. Auch bleiben sie feucht und somit geschmeidig für ihre weitere Verwendung.

Das Mischen der Einlage sowie die Auswahl des geeignetsten Umblatts und Deckers ist eine äußerst verantwortungsvolle, aber auch besonders reizvolle Aufgabe für den »Zigarrenkoch«. Hier kann er nach Herzenslust komponieren, kombinieren, analysieren, probieren, rejizieren, korrigieren, variieren, perfektionieren, goutieren, bis er endlich das Rezept gefunden hat, nach dem das Kunstwerk Zigarre in vollkommener Harmonie erglüht und selbst den Ansprüchen des kritischsten Genießers gerecht wird. Doch jede Ernte bringt einen neuen Tabak, von anderem Charakter, mit anderen Eigenschaften. Und der Tabakmann muß wieder von vorn anfangen, muß neue Sorten auswählen, neue Zusammenstellungen erproben, ein neues Rezept finden, Jahr für Jahr. Kein Geheimnis wird in einer Zigarrenfabrik so streng gehütet wie dieses Rezept.

Ist die Mischung wohlgeraten, hat der Fabrikchef höchstpersönlich probegeraucht und das Werk für gut befunden, so geht der Wickelmacher an seine Arbeit. Von seiner Kunstfertigkeit hängt es ab, ob die Zigarre einen soliden Körperbau und ein gesundes Herz bekommt, ob sie später genügend zieht und gleichmäßig brennt. Aus einem Kasten greift er sich eine Portion Tabakgemisch, genau so viel, wie für eine Zigarre benötigt wird, formt das Kraut ganz flink zu einem stabförmigen Röllchen und wickelt es geschickt in das Umblatt. Diesen »Wickel«, diese »Puppe« drückt er dann in eine Holzform, die der grobschlächtigen Tabakrolle die Fasson der künftigen Zigarre gibt, den kräftigen »Kopf«, den mehr oder weniger possierlichen »Bauch«, den eleganten »Kneifer«, ganz wie gewünscht.

Das Herstellen handgemachter Zigarren ist eine monotone Arbeit. Weil die Leistung schon nach wenigen Stunden nachläßt, setzte man im 19. Jahrhundert in den Wickelsälen der großen spanischen Zigarrenfabriken Vorleser ein, die zumeist aus Werken der Weltliteratur lasen. So kam es, daß die Zigarrenmacher zu den »belesensten«

Menschen ihrer Stadt zählten. Heute begnügt man sich mit aufmunternder Musik vom Band.

Sind die Wickel genügend gepreßt und getrocknet und einmal in der Form um 90 Grad gewendet worden, um die störenden »Bügelfalten«, die Preßfalten, auszugleichen, paßt ihnen der Roller die edle Haut, das Deckblatt an. Diese Arbeit erfordert allerfeinstes Fingerspitzengefühl. Die Ausbildung eines Rollers (span. torcedor) dauert Monate, und eine Meisterschaft wird erst nach vielen Jahren erreicht. Mittels einer Schablone schneidet der Roller das feuchte Deckblatt mit dem flachen, gerundeten »Kubanischen Messer« (Chavete) aus, legt die Puppe leicht gewinkelt darauf und rollt sie, beim Brandende beginnend, in das Deckblatt ein. Kein noch so winziger Spalt darf offenstehen, sonst gibt es beim Rauchen »Nebenluft« und die Zigarre ist nicht mehr zu retten. Das Deckblattende verklebt er am Mundstück mit Tragant (Gummi des Tragacántha-Baumes) und stülpt zuletzt eine Holztülle über den Kopf der Zigarre, um dessen Form zu vollenden. Man unterscheidet Flachkopf, Spitzkopf und Rundkopf. Heute wird der runde Zigarrenkopf bevorzugt, weil er sich nicht verbiegen und kaum aufplatzen kann. Außerdem läßt sich ein Rundkopf leichter anschneiden, er bietet einen weicheren Zug und ein besonders angenehmes Rauchen.

Das Kunstwerk ist fertig. Ist es gelungen? Das wird sich zeigen, später, beim ersten Zug.

Die Wickelform ist noch gar nicht so alt. Sie kam in den 60er Jahren des 19. Jahrhunderts auf. Vorher wurden die Zigarren in »reiner Handarbeit« gerollt, also ohne jedes Hilfsmittel. Die Zigarrenmacher wickelten Blatt um Blatt, bis eine spindelförmige Rolle entstand. Darüber kam gleich das Deckblatt, denn ein Umblatt erübrigte sich, weil jedes einzelne Blatt gewissermaßen schon ein Umblatt war. Herrlich ungleichmäßig waren diese Zigarren, Individualisten, keine Soldaten. Etwas bucklig manchmal, etwas windschief auch, aber Beispiele höchster Handwerkskunst. Doch man verehrte die Technik und liebte die Uniformen und war selig, als nach Königgrätz die ersten Einheitszigarren auf dem Markt erschienen, eine wie die andere von bestechendem Ebenmaß, mit betörenden Proportionen, wie die Girls der Folies-Bergère. Niemand wollte mehr die handgeformten Tabakrollen. Und wenn sich heutzutage solch ein seltenes Exemplar in unser Land verirrt, aus Mittel- oder Südamerika, dann sind es nur noch wenige Liebhaber, selber Individualisten zumeist, die die unbeholfene Form der echten Handarbeitszigarre als die wahre, naturgegebene Form ansehen.

Die Technik versuchte bald, die komplizierten Handgriffe des Wickelmachers und des Rollers maschinell nachzuahmen. Schon auf der Weltausstellung in London im Jahre 1862 erregte die »Zigarrenmaschine« des Franzosen de Barry großes Aufsehen. Aber es sollten noch mehr als 60 Jahre vergehen, bis die ersten wirklich brauchbaren Maschinen im Produktionsprozeß eingesetzt wurden: die Wickelmaschine, mit der die Zigarrenwickel hergestellt werden, die Überrollmaschine, die das Decken der Wickel besorgt, und schließlich die Komplettmaschine, die beides in einem Arbeitsgang erledigt.

Sie müssen es einmal erlebt haben, wie alle 5 Sekunden eine vollendet geformte Zigarre aus der Komplettmaschine purzelt, 800 Stück in der Stunde und mehr. Gewiß, gegenüber einer Zigarettenmaschine sind diese Zahlen bescheiden, und doch ist diese Leistung eindrucksvoll, wenn wir bedenken, daß ein geübter Zigarrenmacher je nach Größe und Fasson nur etwa 15 bis 70 Zigarren in der Stunde schafft.

Natürlich kann bei der Maschinenherstellung die Einlage nicht aus ganzen oder großgeschnittenen Tabakblättern (Longfiller) bestehen, sondern die Maschine formt ein kleingeschnittenes Tabakgemisch (Shortfiller), oft unter Zugabe der gehäckselten Blattmittelrippen, zu einem endlosen Strang, 30 bis 60 Meter in jeder Minute. Den Strang umhüllt sie danach mit einem Umblatt aus Tabakfolie (Bandtabak), das von einer riesigen Rolle wie braunes Papier abläuft, verklebt dieses in Längsnaht mit klarem Gummi arabicum oder einem anderen geeigneten Pflanzenleim und schneidet den Strang in zigarrenlange »Puppen«. Die Tabakfolie ist ein »homogenisierter Tabak«, den die Fachleute »HTL« (= Homogenized Tobacco Leaf) nennen und der zu etwa 85 Prozent aus feinzerpulvertem Tabak und zu 15 Prozent aus Bindemitteln wie Methyl-Zellulose, Pflanzenfasern usw. besteht. Die so von der Maschine produzierten »Puppen« können nun von Hand oder mit der Maschine in echtes Deckblatt oder – bei einfachen Zigarren – wiederum maschinell in ein HTL-Deckblatt gerollt werden. Das homogenisierte Deckblatt zeigt keinerlei natürliche Blattstrukturen, keine Äderungen, keinerlei Erhöhungen und Vertiefungen, ist meistens gefärbt und enthält oft einen Zusatz von Weißbrandmitteln, die die Asche möglichst weiß erstrahlen lassen. Oft werden sie noch künstlich aromatisiert, mit Vanille-, Apfel-, Kirsch-, Aprikose-, Pflaumen- oder Rumaroma. Zigarren mit Tabakfolie brauchen nicht besonders gekennzeichnet zu werden. Man erkennt sie ganz einfach – am Preis. Wenn Sie mich fragen, was ich von dem homogenisierten Tabakblatt halte, so muß ich Ihnen sagen, daß diese Folie zwar besonders niedrige Zigarrenpreise ermöglicht, ein echtes, völlig naturreines Tabakblatt mit all seinen Stärken und Schwächen aber niemals ersetzen kann. Denken Sie, verehrte Freundin, mein lieber Freund, stets an den Dreiklang der Zigarre: Eine gute Zigarre muß vom Deckblatt, Umblatt und der Einlage her Charakter entwickeln. Fehlt auch nur ein einziger Ton, so kommt keine rechte Harmonie zustande. Ausschließlich aus reinem Tabak gefertigte Produkte sind meistens mit dem Hinweis »100 % Tabak« gekennzeichnet.

Zigarren mit Kurzblatt-Einlage (Shortfiller Cigars) können ganz hervorragend sein, denn sie enthalten oft einen erlesenen Verschnitt aus verschiedenen Tabaksorten. Auf den Geschmack solcher Zigarren kann sich der Raucher verlassen. Longfiller-Zigarren dagegen, die keine Maschine zufriedenstellend zu produzieren vermag, schmecken jedesmal etwas anders, bieten mit jedem Stück ein neues Erlebnis.

Vom Teint der Zigarre

Der nächste Künstler, der nun zu Werke geht, ist der Sortierer. Gewiß, schon die Tabakballen enthielten nur die Deckblätter einer bestimmten Farbtönung. Dennoch zeigen die fertig gerollten Zigarren, so wie sie jetzt auf dem Sortiertisch »auseinandergeworfen« daliegen, ganz feine, aber doch erkennbare Farbnuancen. Nach diesen Nuancen, Schattierungen nur, müssen die Zigarren getrennt werden, damit sie später wie Soldaten in der Kiste liegen, völlig gleich in Form und Farbe.

Nordlicht braucht der Sortierer, absolut neutrales Licht, um mit geschultem Auge die geringsten Farbunterschiede blitzschnell erkennen zu können. In Deutschland muß er auf 25 bis 72 Farbabstufungen hin sortieren können. Sein amerikanischer Kollege hat sogar bis zu 225 »Farben« zu unterscheiden. Und alles mehr oder weniger in Braun. Das erscheint nahezu unglaublich, aber mit folgendem »Trick« läßt es sich tatsächlich durchführen. Zunächst werden die Zigarren nach den vier Grundfarben rot, braun, blaß und fahl getrennt, dann wird jede Grundfarbe wieder in dunkel, mittel und hell sortiert. So haben wir bereits die Normalsortierung auf 12 Farben. Nun könnten wir, angenommen, wir hätten das Farbempfinden eines erfahrenen Zigarrensortierers, jede Farbe für sich weitersortieren, bis wir beim gewünschten Feinheitsgrad sind. Ganz einfach, nicht wahr?

Die Farbbezeichnungen erfolgen nach alter Gepflogenheit noch immer in spanischer Sprache. So bedeuten, um nur einige Beispiele zu nennen:

pajizo	hellblaß
amarillo	hellgelb
claro	hellbraun
colorado	mittelbraun
maduro	dunkelbraun
oscuro	rotbraun

Die vollkommensten, makellosesten Zigarren jeder Farbe werden extra gelegt, um sie später als »Spiegel«, als repräsentative oberste Lage in die Kisten zu füllen. Was tut man nicht alles, um auch das Auge des Rauchers zu erfreuen!

Während des Auseinanderwerfens erspäht das Adlerauge des Sortierers sofort die schwarzen Schafe, die scheckigen, bunten, streifigen, marmorierten Zigarren, die als Fehlfarben zum »Schuß« kommen. Sie sind im Kern nicht schlechter als die anderen, werden aber wegen ihrer kleinen Schönheitsfehler als zweite Wahl mit einem gewissen Preisabschlag verkauft. Wen also ein paar »Leberflecken« auf der samtenen Haut seiner geliebten Zigarre nicht stören, der möge ruhig zu einer Fehlfarbe greifen, aber möglichst zu einer »garantiert echten Original-Fehlfarbe«. Denn leider ist nicht alles Fehlfarbe, was unter dieser Bezeichnung in den Handel kommt. So werden heute auch Zigarren mit einem Umblatt oder auch Deckblatt aus Tabakfolie als »Fehlfarbe« angeboten.

Ja, das Auge genießt mit. Diese Redensart gilt nicht nur bei Speis und Trank, sondern auch beim Rauchen einer Zigarre. Der Raucher hat vom Äußeren seiner Idealzigarre eine ganz bestimmte Vorstellung, die allerdings erheblich modebedingt ist: Sie soll von matter, heller bzw. tiefdunkler und gleichmäßiger Farbe sein, einen angenehm fließenden Brand aufweisen und einen schneeigen Aschenkegel zurücklassen. Zigarren, die aus hervorragenden Tabaken bestehen, erfüllen alle diese Wünsche, aber sie sind auch dementsprechend teuer. Um nun auch dem »Durchschnittsbürger« das Vergnügen an einer idealen Zigarre zu verschaffen, blieb den Herstellern nichts anderes übrig, als ein wenig »Kosmetik« anzuwenden. Wer nimmt es einer Frau schon übel, wenn sie ihr glänzendes Näschen mit einem Hauch Puder verschönt, wenn sie auf ihre blassen Lippen etwas Rouge aufträgt, wer verübelt es dem Mann, wenn er seine grauen Schläfen schwärzt und sorgsam die wachsenden Geheimratsecken überkämmt? Genauso ist es bei der Zigarre. Von 1925 an werden Zigarren der unteren Preislagen mit feingemahlenem Tabak bepudert, um ihnen ein mattes, helles, gleichmäßiges Aussehen zu geben. Diese Art der Kosmetik hatte allerdings einen unangenehmen Nebeneffekt, denn meistens fanden wir den Puder an unseren Lippen, Fingern und oft sogar an der Kleidung wieder. Auch war sie nicht intensiv genug, um auch den Brand der Zigarre sowie die Farbe der Asche günstig zu beeinflussen.

In den 50er Jahren erfanden die Tabakkosmetiker daher die Farbmattierung. Wieder muß ich mit dem Wein vergleichen. Bemerken Sie die ständige Parallele? Ist der Most in einem sonnenarmen Jahr zu dünn geraten, dann reichert man ihn – natürlich nur im zulässigen Rahmen – mit Zuckerlösung an, um ihn zu einem trinkbaren Wein zu erziehen. Und fehlen dem Tabakblatt wegen ungünstiger Wachstumsverhältnisse gewisse Stoffe, so führt man sie auf dem Wege der Farbmattierung zu, mit Hilfe natürlicher Stoffe, die laut Lebensmittelgesetz (Tabakverordnung) gesundheitlich völlig unbedenklich sind, wie Kreuz- oder Gelbbeerenextrakt, Kreide, Magnesiumkarbonat usw. Das also dürfen sie darunter verstehen, wenn Sie auf einer Zigarrenkiste das Wort »farbmattiert« entdecken sollten.

Aber bitte nur mit Bauchbinde

Wenn Ihnen, verehrter Freund, Ihre Eheliebste oder ein anderes weibliches Geschöpf ein Kistchen Zigarren schenkt, so können Sie sicher sein, daß jede dieser Zigarren eine prächtige Bauchbinde ziert. Und wenn Sie, verehrte Freundin, sich ein Kistchen Panatelas gönnen, werden Sie ebenfalls auf die schmucken Zierringe achten. Frauen lieben nun einmal das Attraktive, und warum sollte ein lustig bunter Papierring die Zigarre nicht besonders anziehend machen? Übrigens finde ich den in Deutschland vermutlich von einem Berliner geprägten Ausdruck »Bauchbinde« weder schön noch passend. Man sollte besser »Zigarrenring« sagen, meinen Sie nicht auch?

Der Zigarrenring wurde eigens für die Frau erfunden, wohl vor etwa 150 Jahren. Zu dieser Zeit pflegten die Damen von Havanna nicht nur Zigarren zu rauchen – das tun sie auch heute noch –, sondern auch die Asche graziös mit dem kleinen Finger abzustreifen. Da sie sich bei diesem Bemühen oftmals kleine Verbrennungen zuzogen, versah ein galanter Fabrikant seine Zigarren mit zierlichen Papierringen, die sich die schönen Habanerinnen als Schutz über den gefährdeten Finger streifen konnten.

Diese Zigarrenringe mußten natürlich funkeln und glitzern wie echter Schmuck, wollten sie ihrer Aufgabe voll und ganz gerecht werden. Daher erfreuen wir uns noch heute an der reichlichen Vergoldung der Ringe, an ihrer kunstvollen Prägung und an dem bevorzugt verwendeten leuchtenden Rot, der Farbe der Liebe. In früheren Zeiten strahlte uns von den Papierringen das Porträt eines Fürsten oder Marschalls, eines hohen Politikers oder gar eines Königs, ja Kaisers entgegen. Manchmal lächelte uns auch eine schöne Frau an. Heutzutage schmücken flügelschwingende Adler, glitzernde Sterne, stolze Koggen, goldfunkelnde Kronen und reichverzierte Wappen die Ringe oder ganz schlicht und distinguiert der Markenname der Zigarre, wie »COHIBA La Habana«. Oft erkennen wir geheimnisvolle Wörter, die in spanischer oder portugiesischer Sprache zum Kauf der Zigarren locken sollen. »Flor extra fina«, »Garantizados«, »Tabacos esquisitos«, »Especialidade superfinos«, »Perfectos«, »Tabacos selectos«, so steht es eindrucksvoll geschrieben und bedeutet doch – Sie können es erraten – nichts anderes als »Außergewöhnlich feine Blume«, »Verbürgt«, »Erlesene Tabake«, »Hochfeine Spezialitäten«, »Vollkommen«, »Auserwählte Tabake«. Meist informieren die Zigarrenringe über die Herkunft der Zigarre, nennen ihren Namen, manchmal auch den Hersteller. Bauchbinden müssen in der Fabrikation von Hand auf die empfindliche Zigarre gesetzt werden, und zwar jeweils genau in der gleichen Höhe, damit die oberste Zigarrenreihe in der Kiste aussieht wie eine Gardeeinheit beim Morgenappell.

Die leichtsinnige Sitte, die Asche mit dem Finger abzustreifen, hat sich gewandelt. Heute klopft der erfahrene Raucher sie mit leichter Hand ab. Aber die Zigarrenringe sind geblieben, wofür ich allen Fabrikanten von Herzen dankbar bin, auch wenn ich für jede geschmückte Zigarre etwas mehr auf den Ladentisch legen muß. Ich weiß sehr wohl, daß eine Bauchbinde nichts mit der Qualität der Zigarre zu tun hat, im Gegenteil: besonders hervorragende Zigarren tragen oft sogar einen ausgesprochen schlichten Ring. Wie bei den Weinetiketten, nicht wahr? Denn sinngemäß könnten wir sagen: Eine gute Zigarre bedarf keines Kranzes. Trotz allem würde ich mich freuen, wenn eines Tages sämtliche Zigarren eine Bauchbinde trügen. Nicht wegen des harmlosen Vergnügens an einem Zigarren-Striptease, nicht damit meine Frau Ascher und Rauchtisch mit den bunten Papierstreifen bekleben kann, sondern einfach deshalb, weil ich mich jedesmal über das strahlende Glück freue, das meinen Enkeln aus den Augen leuchtet, wenn sie die lustigen Ringe vergnügt an ihre Daumen stecken.

Bauchbinden

Ob der Zigarrenring beim Rauchen auf der Zigarre bleibt oder nicht, ist eine Frage der persönlichen Einstellung (siehe auch Seite 113). Mancher, der mit einer Cohiba oder einer Montecristo imponieren möchte, beläßt den Ring auf der Zigarre. Ich für meine Person nehme ihn immer vorsichtig ab, bevor ich die Zigarre anzünde. Und achte beim Entfernen darauf, daß das Deckblatt nicht verletzt wird, da der Ring nicht selten an der Zigarre festklebt.

Wohlverpackt in einer Kiste

Zigarrenkisten haben immer etwas Anheimelndes für mich. Sie wecken in mir die Erinnerung an glückliche Kindertage, als wir Jungens ganz wild hinter jeder Kiste herjagten. Zigarrenkisten waren die idealen Behälter für all unseren Kleinkram, für die bunten Bilder, die wir vom Kaufmann bekamen, für die Briefmarken, die wir aus Vaters Papierkorb fischten, für Steine, Muscheln und Murmeln. Sie förderten unseren Sammeltrieb und erzogen uns besser zur Ordnung, als es Mutter je vermocht hätte. Im Mai bohrten wir Luftlöcher hinein, damit die gefangenen Maikäfer nicht erstickten. Und wenn eine Kiste zerbrach, so gaben die Reste vortreffliches Baumaterial für kleine Autos, Brücken und Flugzeugmodelle ab. Mit Zigarrenkisten ließen sich nahezu alle unsere kindlichen Probleme meistern, und unser Verhältnis zur Zigarre war auch dementsprechend wohlwollend.

Noch heute schmerzt es mich jedesmal, wenn ich eine leere Zigarrenkiste in den Mülleimer werfen muß (verbrennen kann ich sie nicht, weil wir Zentralheizung haben). Meinen Enkeln mag ich gar keine Kiste mehr offerieren, weil ihr Zimmer bereits einem Lagerhaus für Zigarren gleicht (vielleicht rauche ich doch etwas zu viel). Wenn ich mit Pinsel und Palette umgehen könnte, dann wäre dieses leidige Problem längst gelöst: Wie Spitzweg würde ich kleine Idylle auf die Deckel zaubern.

Zigarren müssen atmen, sagen die Fachleute und verpacken die dunklen wie die hellen Tabakrollen in Holzkisten. Denn Holz ist luftdurchlässig. Im hölzernen Gehäuse können sie nicht »ersticken«, nicht dumpfig werden und nicht schimmeln. Und deshalb mag ich keine Blechbüchsen, mag keine Plastikdosen und keine Pappschachteln. Wie ein guter Wein nur in Holzfässern reifen kann, so braucht eine anständige Zigarre eben die Holzkiste.

Früher preßte man die frisch gerollten Zigarren so fest in die Kiste, daß sie eine viereckige Form erhielten. Das fand man recht praktisch, denn erstens faßte die Kiste mehr Zigarren, und zweitens konnten die Zigarren nicht vom Tisch rollen. Trotz dieser schwerwiegenden Argumente konnte sich die viereckige Zigarre aber nie durchsetzen.

Das klassische Zigarrenkistenholz ist das Zedernholz, aber nicht das der vulgären europäischen Zeder, aus der höchstens Bleistifte geschnitten werden, sondern das Holz der mittelamerikanischen Tabasco-Zeder (Cedrela odorata). Das äußerst poröse Holz strömt einen betörenden Duft aus, der sich mit dem würzigen Aroma der Zigarre zu einem einzigartigen Odeur verbindet. Aber das Holz der Tabasco-Zeder ist inzwischen so kostbar geworden, daß es mittlerweile nur noch selten als Verpackung erscheint, dann allerdings besonders vornehmer, teurer Zigarren. Häufiger sind noch die hauchdünnen Zedernholzfurniere, die manche wertvolle Sumatra oder Brasil umhüllen und sie mit ihrem Duft veredeln. Heute bestehen die meisten Zigarrenkisten aus afrikanischem Gabunholz, seltener aus Erlen- oder Pappelholz. Ich habe auch schon Kisten gesehen, die aus wurmstichigem Holz zusammengenagelt, dafür aber mit einer täuschend echt wirkenden Zedernholzimitation aus bedrucktem Papier beklebt waren. Ja, ja, was tut man nicht alles ...

Wie alles, was mit Zigarren zusammenhängt, wurde auch die Zigarrenkiste auf Kuba erfunden. Die ersten auf der Tabakinsel gezimmerten Kisten faßten 1000 Zigarren. Sie waren wegen ihrer Größe allerdings weniger für den Raucher als für den Händler bestimmt. Selbst ein starker Raucher hätte wohl ein halbes Jahr gebraucht, um eine solche Riesenkiste leerzuschmoken. Da die Händler aber bald feststellten, daß sie von den Fabrikanten schändlich übers Ohr gehauen wurden, weil sich in diesen Standardkisten oft nur 900 oder noch weniger Zigarren befanden, verlangten sie kleinere Packungen, deren Inhalt sie leichter überprüfen konnten. Die neuen Kisten enthielten – diesmal ohne Betrug – 100 Zigarren. Jeweils 25 Zigarren waren mittels bunter Seidenbänder zu hübschen Bunden vereinigt. Außer diesen Zehntelkisten (in Bezug auf die ursprünglichen 1000) kamen später noch die Zwanzigstel-, Vierzigstel- und die Hundertstelkisten auf, mit jeweils 50, 25 und 10 Stück Inhalt.

Nun ist eine Zigarrenkiste noch lange keine Zigarrenkiste, solange es nicht noch etwas auf, an, unter und in ihr zu sehen und zu lesen gibt. Eigenartigerweise ist es die Innenseite des Deckels, der sich Fabrikant und Grafiker mit besonderer Liebe und Aufmerksamkeit widmen. Wieso eigenartigerweise? Nun, zeigt uns der Händler etwa verschlossene Kisten? Nein, sie müssen offen sein, damit wir Form, Farbe und Verarbeitung, aber auch das Aroma der geliebten Coronas oder Elegantes prüfen können. Und

wenn sich unser Kennerblick allzu kritisch auf die Zigarrenbrigade senkt, wird er unwiderstehlich von der Innenseite des Deckels angezogen, von einem romantischen Schloß vielleicht, hinter dem die Abendsonne glutrot versinkt, oder von vollbusigen, Brasil rauchenden Indianerinnen oder von Segelschiffen, die vor einer verträumten Palmenküste ankern. Mögen viele Menschen diese farbenprächtigen Deckelbilder für abscheulichen Kitsch halten, für uns Zigarrenraucher und Zigarrenraucherinnen sind sie eine unentbehrliche Zutat, der würdige Rahmen für unsere kleinen braunen Delikatessen. Von diesen Bildern geht ein Hauch üppigen Tropenlebens längst vergangener Zeiten, ein zarter Hauch Romantik aus. Leider weichen diese kitschig-schönen Darstellungen mehr und mehr einer nüchtern-langweiligen Sachlichkeit, die uns voller Wehmut der sinnlichen Exotik früherer prachtvoller Deckelbilder gedenken läßt. 1837 beklebte ein spanischer Zigarrenfabrikant seine Zigarrenkisten erstmals mit farbigen Bildern.

Auch die Oberseite des Deckels ist stets geschmückt, allerdings immer etwas sparsamer als die Innenseite. Wenn sämtliche Flächen und Kanten der Kiste Gold, leuchtende Farben und kostspielige Prägungen in Überfülle aufweisen, wenn sich ringsum Goldmedaillen drängen, hermelinumrankte Wappen blitzen und spanische Granden würdevoll posieren, dann haben wir es mit einer »echten Havannaausstattung« zu tun, wie sie ursprünglich auf Kuba Brauch war.

Übrigens zimmern viele Zigarrenfabriken, vor allem die kleineren, ihre Zedernholzkisten selbst zusammen. Und manche verfügen auch über eigene Druckereien, um die Kisten werbewirksam zu verschönern. Besonders kostbare Premiumzigarren erfordern natürlich eine besonders repräsentative Verpackung, eine »Cabinet box« aus edelsten Hölzern, aus Jamaika-Mahagoni zum Beispiel oder aus ostasiatischen Edelhölzern.

Was keiner Kiste fehlen darf – ob zu ihrer Zier oder Unzier bleibe dahingestellt –, das ist die bewußt unauffällige Steuerbanderole. Sie verbindet Deckel und Unterseite der Kiste, damit ja niemand unbemerkt den Inhalt mindere. Sie erinnert den Raucher aber vor allem daran, daß Väterchen Staat bei jedem ergötzlichen Zug mitgenießt, zu Nutz und Frommen aller, versteht sich. Doch wer wird sich dadurch die Freude an einer guten Zigarre schmälern lassen?

Nun kann ich, obzwar Zigarrenenthusiast, nicht ständig eine Zigarrenkiste mit mir herumschleppen, nur um überall dort, wo es mich nach einer Tabaco gelüstet, versorgt zu sein. Ich führe daher stets ein wohlgefülltes Zigarrenetui bei mir, aus feinstem Boxkalf oder Gazellenleder, denn für meine schweigenden Gefährtinnen ist mir das Beste gerade gut genug. Der herbdezente Lederduft schmeichelt den braunen Damen, sie sind weich und sicher gebettet, können bequem atmen und ruhen an meinem Herzen (niemals am Gesäß, ich bitte Sie, meine Herren!), kurz: sie fühlen sich ausgesprochen wohl und warten nur darauf, von mir oder einem meiner Freunde entflammt zu werden.

Sie armer Mensch, der Sie noch kein Zigarrenetui Ihr eigen nennen dürfen, auch an Sie hat die rührige Industrie gedacht und verkauft Ihnen Ihre Lieblinge in handlichen, rocktaschengeeigneten Pappschachteln, zum alsbaldigen Genuß. Aber Leder ist eben Leder.

Warum nicht mit Aroma?

US-Amerikaner lieben kräftige Aromen. Die feinen natürlichen Duft- und Geschmacksstoffe des Tabaks sind ihnen nicht deutlich genug. So verdrängten nach dem Zweiten Weltkrieg ihre stark parfümierten Zigaretten aus amerikanischen Tabaken die altberühmten Marken aus türkischem und griechischem Tabak. Die heutige europäische Jugend setzt diesen Trend begierig fort, sie trinkt aromatisierten Tee und verlangt aromastarke Zigarillos und Zigarren, die nicht mehr allein nach Tabak schmecken, sondern nach Vanille und Honig, nach Cherry (Wildkirsche) und Plum (Pflaume), Irish Cream und Kentucky Bourbon. Völlig neue Raucherlebnisse erwarten den neugierigen Zigarren-

Freak. Fast in jedem Monat kreieren die großen Zigarren-hersteller neue Marken mit neuen fruchtig-aromatischen bis exotischen Duft- und Geschmacksnoten, wobei die Kombinationen zwischen Brasil und Plum, Sumatra und Vanille, Connecticut-Shade und Cherry schon fast wieder als überholt gelten müssen. Ältere Zigarrenraucher, die allein dem Tabak in seiner natürlichen Beschaffenheit huldigen, reagieren entsetzt. Doch müssen sie zugeben, daß die neuen Duftvarianten durchaus geeignet sind, die angespannten Beziehungen zwischen Rauchern und Nichtrauchern erheblich zu verbessern.

»Alle Zigarren gehen zuletzt in Rauch auf.«
Brasilianisches Sprichwort

Zigarren, Zigarren

Eine kleine Warenkunde

Es gibt große Zigarren und kleine Zigarren, lange und kurze, dicke und dünne, leichte und schwere, es gibt helle und dunkle Zigarren. »Die hellen Zigarren verdienen den Vorzug, weil alles, was hell ist, bekanntlich auch gut ist. Das Dunkle dagegen versinnbildlicht das Böse. Und dem Bösen soll man nicht trauen, also auch den dunklen Zigarren nicht.« So sprach das Volk. Können Sie sich, verehrter Leser, verehrte Leserin, die groteske Vorliebe so vieler Raucher für helle Zigarren anders erklären? Gewiß, oft hört man, daß helle Zigarren besonders leicht und mild seien, die dunklen dagegen schwer und kräftig. Das mag vor hundert Jahren gegolten haben, aber nicht mehr heute. Im Gegenteil, fast habe ich den Eindruck, die dunklen Zigarren sind leichter und bekömmlicher, obwohl durchaus würzig und pikant.

Hell und dunkel ist das erste, was der Zigarren-Novize zu unterscheiden vermag. Und ist er auf dem Gebiet der Zigarren ein wenig fortgeschritten, so spricht er von Sumatra- und Brasil-Zigarren, denn jetzt weiß er bereits, daß das Deckblatt es ist, was der Zigarre den Namen gibt. Nun ist aber nicht jede helle Zigarre eine Sumatra, auch nicht jede dunkle eine Brasil. Und da beginnt die große Schwierigkeit, nämlich auf die Frage »Was ist das für eine Zigarre, die ich rauche?« eine richtige Antwort zu finden. Oft steht die

Antwort auf der Kiste, vor allem, wenn sie wohlanständige »Rauchrollen« enthält. Steht gar nichts drauf, was auf die Herkunft des Deckblatts schließen ließe, so dürfen wir raten und liegen garantiert daneben; denn es gehört jahrelange Berufserfahrung dazu, an der fertigen Zigarre zu erkennen, ob der Decker zum Beispiel Vorstenlanden oder Bezoeki ist. Genießen wir nichtsdestotrotz und unbekümmert die geheimnisvolle Schöne und stellen ihr keine peinlichen Fragen. Hauptsache, sie ist voller Glut, schmeckt und duftet und hat – Format.

Auf das Format kommt es an

Jawohl, auf das Format kommt es an, gerade bei Zigarren, auf das innere wie auf das äußere. Vom äußeren Format, von den zahlreichen Formspielarten der Zigarre soll zunächst die Rede sein.

Ein Spötter sagte einmal, daß jedem Zigarrenraucher eine ganz bestimmte Fasson zugedacht sei, eine Fasson, die seinem Wesen und auch seinen Proportionen entspreche. Demnach könne die schlanke »Londres« nur zu einem drahtigen Sportsmann passen. Die dickleibige »Trabuco« dagegen sei das rechte Pendant zu einem runden Bäuchlein. »Torpedos« gehörten drohend in des Cholerikers Mund. Kleiderschränke seien nur mit einer »Gran Corona« denkbar. Bodybuilding-Fans griffen gern zur »Robusto« oder »Doppelcorona«. Der Feingeist genösse die grazilen »Panatelas«. Die »krummen Hunde« ... Nun, jeder mag nach seiner »Façon« selig werden. Ich jedenfalls rauche mal eine

»Lonsdale«, mal eine »Especiales«. Ich habe keine Leib- und Magenfasson.

Nun zu den einzelnen Varianten:

Spanische Fassons: Regalia, Culebras, Veguero, Trabuco, Elegantes, Corona

Da ist zunächst einmal die älteste Fasson, die Urzigarre der alten Maya. Sie ist geformt wie eine Tüte, das Brandende hat einen enormen Durchmesser, zum Mundstück hin verjüngt sie sich mehr und mehr. Es müssen tolle Burschen gewesen sein, die aus solch mächtigen Musketen gewaltige Rauchmengen sogen, ihren Göttern und sich selbst zu Ehren. Die heutigen Urzigarren sind dagegen harmlose kleine Kegelchen, nicht mehr und nicht weniger als eine amüsante Spielerei.

Die *Corona*, die Krone der Rauchereien (span. corona = Krone), hat ihren stolzen Namen von der kubanischen Zigarrenfabrik »La Corona«, die dieses klassische Format vor rund 200 Jahren kreierte. Die Corona hat einen großvolumigen, zylindrischen Körper, der Kopf ist kugelrund, das Brandende ist gerade abgeschnitten. Sie ist nicht zu lang und nicht zu kurz und schenkt durch ihre gemäßigte Dicke ein in Dauer und Geschmack befriedigendes Rauchvergnügen. Es gibt kein Standardmaß für die Corona, die vom Idealmaß (Ursprungsmaß) von 142 mm Länge und 15,9 mm Durchmesser abweichend alle Maße von 100 bis 240 mm bei einem Durchmesser zwischen 15 und 20 mm erreichen kann: Half Corona (etwa 103 mm), Kleine Corona (etwa 126 mm), Corona (etwa 142 mm), Doppelcorona (etwa 182 mm) und Gran Corona (etwa 235 mm), die berühmte »Montecristo A«.

Die *Breva* ähnelt im großen und ganzen der Corona, nur ist sie ein wenig schlanker und kürzer und hat einen leicht spitzen Kopf (span. breve = kurz).

Eine recht imposante Figur hat die *Regalia,* deren Kopf sich ganz allmählich verjüngt. Das spanische Wort »regalia« bedeutet »Hoheitsrecht«; früher wurden diese Zigarren von Beauftragten der spanischen Kolonialverwaltung in Havanna sortiert. – Eine besonders große Regalia ist die »Regalia Imperial«, die kaiserliche Regalia.

Von schlankerem Wuchs ist die *Millar.* Der Kopf ist ebenso geformt wie bei der Regalia, nur verengt sich hier auch das Brandende ein wenig. Der Name »Millar« stammt von den ersten kubanischen Zigarrenkisten, die tausend Zigarren faßten (span. millar = tausend).

Die Phantasie des Zigarrenrauchers schlägt oft Purzelbäume. Wie könnte es sonst geschehen, daß die rundbäuchigen Zigarren mit dem spitzen Kopf und dem ebenso

spitzen Brandende *Trabucos* genannt werden, also »Schieß-
gewehr«?

Zu den beliebtesten Fassons zählt die langgestreckte,
schlanke *Panatela,* die Flöte des großen Pan. Das Mundstück läuft schmal aus und verleiht dieser Zigarre ein sympathisches Aussehen. Auch hiervon gibt es kleine, zierliche,
wie die Panatela Fina, und große, lange, wie die Gran Panatela.

Die vollkommenste Zigarrenfasson hat meiner Ansicht
nach die *Elegantes.* Ihr Körper ist so kräftig wie eine Corona, aber zum Kopf hin läuft sie schlank aus und endet in
einem makellosen Paraboloid. Das Brandende drängt sich
kegelartig zusammen, läßt aber genügend Fläche zum Anzünden frei. Alles in allem: eine elegante Fasson.

Zigarrenraucher haben einen originellen Sprachschatz.
Wenn sie von »Elefantenfüßen« sprechen, so meinen sie
nicht die gefürchteten Gliedmaßen des rüsseltragenden
Dickhäuters, sondern eine Zigarre, deren Brandende keulenförmig verdickt ist. Brasil- und Manilazigarren dieser
Fasson werden *Cortados* genannt (span. cortado = zugeschnitten).

Eine kleine, zierliche Zigarre von coronaähnlichem
Aussehen ist die *Londres.* Im London der Jahrhundertwen-
de war dieses gefällige Format sehr gefragt und nahm daher den Namen der britischen Hauptstadt an (span. Londres = London).

So charmant und liebenswert wie die jungen Damen
Spaniens sind auch die *Señoritas,* deren dunkelhäutiger Ta-
bakkörper von besonders schlankem, mädchenhaftem
Wuchs ist.

Die *Veguero* ist eine Zigarre für empfindliche Gemüter, für Leute, die befürchten, daß das Mundstück in der Fabrik mit Speichel verklebt würde, was natürlich niemals der Fall ist. Bei der Veguero ist das Deckblatt ganz einfach am Kopf zusammengezwirbelt, wie ein »Zöpfchen« oder »Schweineschwänzchen«, wie diese Zigarren auch genannt werden. Ursprünglich war die Veguero eine Zigarre, die sich die Pflanzer rasch aus einem Tabakblatt rollten, um die Qualität des Krautes zu prüfen, eine Selbstgedrehte also (span. veguero = Tabakpflanzer). Leider geraten die lustigen Schweineschwänzchen immer mehr in Vergessenheit, höchstens bei Brasil-Importen sind sie noch zu finden. Vegueros entbehren der Prozedur des Einkerbens: man dreht das Schwänzchen ab, und schon ist die Zigarre rauchbereit.

Sehr in Mode gekommen ist die *Lonsdale*, eine Zigarre vom Ringmaß einer Corona, nur um einige Zentimeter länger. Und recht imposant wirkt der *Torpedo*, mit seinem parabelförmigen Kopf, zum Brandende immer dicker werdend. Er sieht aus wie ein langgestreckter Zuckerhut und wird auch *Pyramido* genannt. Sein reizvolles Format vereint die Vorteile eines großen Durchmessers, der alle Bestandteile der Zigarre voll zur Geltung bringt, mit einem kleinen Mundstück. Zu den Torpedos zählt auch die *Perfecto*, deren Dicke sich vom Kopf an allmählich steigert und am Brandende spitz zuläuft. Bei manchen Zigarren des Torpedo/Pyramido-Formats ist der Kopf nicht abgerundet, sondern läuft zu einem kleinen neckisch gezwirbelten Stiel aus; zum Anzünden braucht man den Kopf nicht einzuschneiden, sondern bricht einfach den Zwirbel ab.

Dame im Boudoir (Lithophanie, Ende 19. Jahrhundert)

Ein typisches Format unserer Zeit ist die *Robusto*, eine coronadicke, aber sehr kurze Zigarre, die einen etwa dreiviertelstündigen überraschend wohltuenden Genuß bietet (Durchmesser um 20 mm, Länge zwischen 110 und 127 mm). Die Robusto ist gewissermassen eine halbierte Doppelcorona. Ihr gedrungenes Format – kein Format für Ästheten – gab ihr den Namen. Fast alle großen Zigarrenhersteller der Welt liefern heute Robustos. Hier eine kleine Auswahl großer Marken: Cohiba Robusto (Kuba), Davidoff Special R (Dominikanische Republik), Griffin's (Dominikanische Republik), Flor de Selva (Honduras), A. Fuente Reserve Don Carlos (Dominikanische Republik).

Dann gibt es noch die *Especiales,* schlank und rank und fast 20 cm lang, eine ausgesprochen elegante Zigarre speziell für Geistesmenschen. Ein berühmtes Beispiel ist die Cohiba *Lanceros* aus Kuba (192 mm lang, 15 mm Durchmesser). Einsteigern sei die zierliche *Perla* (etwa 117 mm lang, 10 mm Durchmesser) oder die *Chico* (etwa 100 mm lang, 12 mm Durchmesser) empfohlen.

Und was rauchen die Damen?

Natürlich jede Zigarre, die ihnen gefällt, die ihnen »steht«, die ihnen mundet. Um eine Empfehlung abgeben zu können, müßte ich die Dame schon etwas näher kennen, ihre Tätigkeit, ihre Neigungen, ihren Charakter. Ansonsten würde ich mit einer »Half Corona Juan Clemente« sicherlich nicht fehlgehen.

Von Längen und Ringmaßen

Über die Fassons, die Formvarianten, haben wir gesprochen, doch jede Fasson hat unterschiedliche Größen, die heute international zumeist in der britisch-amerikanischen Längeneinheit »Inch« (abgekürzt »in«), auch »englisches Zoll« genannt, angegeben werden. 1 in entspricht

25,4 mm. Auch die spanischen Zigarrenhersteller haben den Inch als Maßeinheit für Zigarren übernommen. Die Dicke, der Durchmesser der Zigarre wird in 64tel eines Inch angegeben, was wir »Ringmaß« (Ringweite) nennen und exakt dem Maß der Holzform, nicht der fertigen Zigarre, entspricht, die ja durch Feuchtigkeitsverlust schlanker werden kann. Hier eine Tabelle der üblichen Ringmaße (Rm):

Rm 25 = 9,9 mm	Rm 39 = 15,5 mm	Rm 53 = 21,0 mm
26 = 10,3	40 = 15,9	54 = 21,4
27 = 10,7	41 = 16,3	55 = 21,8
28 = 11,1	42 = 16,7	56 = 22,2
29 = 11,5	43 = 17,1	57 = 22,6
30 = 11,9	44 = 17,5	58 = 23,0
31 = 12,3	45 = 17,9	59 = 23,4
32 = 12,7	46 = 18,3	60 = 23,8
33 = 13,1	47 = 18,7	61 = 24,2
34 = 13,5	48 = 19,1	62 = 24,6
35 = 13,9	49 = 19,4	63 = 25,0
36 = 14,3	50 = 19,8	64 = 25,4
37 = 14,7	51 = 20,2	65 = 25,8
38 = 15,1	52 = 20,6	66 = 26,2

Größere Ringmaße, also Zigarren, deren Durchmesser größer als 26,2 mm ist, gibt es zur Zeit nicht im Handel (Sonderanfertigungen für Werbezwecke usw. ausgenommen) und wird es wohl auch nicht geben.

Neben der Fasson hat auch die Größe der Zigarre einen erheblichen Einfluß auf den Geschmack. Je größer das Ringmaß, also je dicker eine Zigarre ist, desto voller und kräftiger wird ihr Aroma. Und je länger die Zigarre ist, desto besser kann sich der Rauch abkühlen. Wichtiger als die

Länge ist die Dicke der Zigarre. Deshalb wenden sich die Gourmets unter den Zigarrenliebhabern stets den Zigarren mit einem größeren Ringmaß zu, den »Torpedos« und den »Doppelcoronas«. Und das ist auch der Grund für die außergewöhnliche Beliebtheit der kurzen, aber dicken »Robustos« (s. S. 91).

Tabaksonderlinge

Vergessen sollten wir auf keinen Fall die *»Figurados«* (span. die Figürlichen). Das sind zum Teil noch immer recht beliebte Sonderlinge unter den Zigarren, wie zum Beispiel die Culebra, die Hamburger Pfeife und die Kielzigarre.

Die merkwürdigsten Zigarren, die ich je gesehen habe, sind die *Culebras,* die der Berliner Volksmund mit treffsicherem Witz »Krumme Hunde« getauft hat. Die Spanier nennen sie genauso treffend »Schlangen« (span. culebra = Schlange). Jeweils drei schlanke, zylindrische Zigarren in Breva-Fasson werden, solange sie noch frisch und biegsam sind, zu einem Zopf geflochten und vorn und hinten mit einem Band verschnürt.

Ursprünglich war dieses Zigarrengeflecht keine amüsante Spielerei, sondern ein sehr zweckmäßiges Gebinde. Während der Arbeit durften die Zigarrenmacher rauchen, soviel sie wollten. Denn man soll ja bekanntlich dem Ochsen, der da drischt, das Maul nicht verbinden. Außerdem durften die Torcedores und Torcedoras, die Roller und Rollerinnen, täglich drei Zigarren mit nach Hause nehmen. Damit sie diese Deputatzigarren aber nicht auf dem Markt verkauften, wurden die Zigarren gewissermaßen entwertet, indem man sie zusammenflocht und ihrer ursprünglichen Form beraubte. Die Fabrikanten ahnten nicht, daß gerade diese »Schlangen« sehr begehrt waren, denn sie bestanden sicher nicht aus dem schlechtesten Tabak. Wenn die Bauern nach gutem Markt zufrieden ihren Heimritt antraten, kauften sie noch schnell ein oder zwei Zöpfe Culebras. Sie banden die Zigarrenzöpfe an das Sattelzeug ihrer Esel und brauchten keine Sorge zu haben, daß die braunen Kostbarkeiten unterwegs zerbrachen oder gar verlorengingen. Heute sind die Culebras nur noch eine nette Erinnerung an das alte Kuba, für uns Mitteleuropäer vielleicht ein netter Silvester- oder Fastnachtsscherz. Culebras sind Zigarren für humorbegabte Raucher. Schade, daß diese lustigen Bündel mehr und mehr aus den Läden verschwinden. Doch halt, es gibt sie noch, zum Beispiel die »Villiger Original-Krumme«, die »Brissago Zoepfe« und die »Davidoff Special C«.

Ein Original unter den Zigarren ist auch die *Hamburger* Pfeife. Sie sieht aus wie eine echte Waadtländer oder Landiswiler, also wie eine Tabakspfeife, besteht aber ganz und gar aus würzigem Tabak. Ursprünglich war sie für Seebären gedacht, die zur Zigarre übergelaufen waren, im Innersten ihres Herzens aber noch immer ein wenig an dem gewohnten Knösel hingen. Heute sind es ebenfalls Konvertiten, die zur Hamburger Pfeife greifen, Ästheten, denen gewisse penetrante Gerüche das Vergnügen an ihrer Pipe verleidet haben, die aber nichtsdestotrotz in Reminiszenzen schwelgen wollen. Die Pfeifenzigarre kann bequem in den Mund gehängt werden. Geraucht wird nur der Kopf, der dünne Tabakstil dient als Saugrohr und als Filter. Na, denn gut Smok!

Sicher haben Sie schon die langen, dünnen *Kielzigarren* gesehen, die nichts mit der schönen Ostseestadt zu tun haben, sondern einst einen Gänsefederkiel als Mundstück hatten. Der Zeit entsprechend verdrängte Kunststoff das Naturprodukt. Heute ziert ein kleines Plastikmundstück den Kopf der Zigarre. Nur der Tabak ist noch immer Natur, aber leichter und nikotinärmer als früher, so daß sich gern Damen in diesen eleganten Zigarrentyp verlieben.

Zigarillos sind keine Zigarrchen

Für Zigarrenraucher, die es immer eilig haben, aber auch für Zigarettenraucher mit gelegentlicher Muße, ist der bzw. das Zigarillo gedacht. Zigarillo ist die Verkleinerungsform von Zigarre, aber deshalb ist er noch lange kein Zigarrchen, denn ihm fehlt das Charakteristikum der echten Zigarre: der Kopf. Mundstück und Brandende sind stets offen und jederzeit gebrauchsbereit. Das Mundstück zeigt in der Packung stets nach oben. Raucht man den Zigarillo verkehrt herum an, kann sich das Deckblatt lösen. Zigarillos können eckig oder rund, kurz oder lang, dick oder schlank sein, mit geradem oder konischem Mundstück. Meistens liegen ihre Maße zwischen 79 und 102 mm Länge und einem Durchmesser zwischen 7,6 und 9,2 mm. Die bleistiftdünnen, zerbrechlichen Fassons, bevorzugte Rauchobjekte der skandinavischen Damenwelt, sind Meisterwerke der Zigarrenmacherkunst. Übrigens trocknen die dünnen

Rauchstäbchen in unseren zentralbeheizten Wohnungen schnell aus. Man sollte sie daher in dem Metallschächtelchen belassen, in dem man sie gekauft hat.

Zigarillos raucht man wie Zigarren: man inhaliert also nicht den Rauch, wie es Zigarettenraucher zu tun pflegen. »Ein Zigarillo schmeckt auf der Zunge, nicht in der Lunge«, lautet eine alte Wahrheit. Und man raucht nicht hastig, weil sich dann ein scharfer Geschmack entwickelt. Ansonsten verhalten sich Zigarillos aber wie Zigarren: Sie gehen aus, wenn man sich nicht um sie kümmert.

Zigarillos läßt man sich am besten von einem Fachhändler empfehlen und achtet darauf, daß sie aus »100 % Tabak« bestehen. Einige empfehlenswerte Sorten: Davidoff, Zino, Nobel Petit, La Paz Wilde Cigarillos, Christian of Denmark, Chambord No. 7, Partageno und Lepanto.

Deutsche Zigarren – kommen sie wieder?

Deutschland, einst ein Land der Zigarrenraucher, hatte im vergangenen Jahrhundert eigene Fassons entwickelt, wunderschöne Fassons, die jedem ästhetischen Anspruch gerecht wurden und Duft wie Geschmack der Zigarre aufs Vorteilhafteste entfalteten. Fast alle deutschen Fassons leiteten sich vom »Torpedo« ab, der sich vom kugelförmigen Kopf aus allmählich weitet, um am Brandende jäh spitz oder rundlich zu enden. Zu den beliebtesten Fassons bzw. Formaten zählten die »Keule«, die »Stromlinie«, das »Ei«, der »Doppelkopf« und der »Kreisel«. Diese Fassons waren nur schwer und zeitaufwendig in Handarbeit herzustellen und sind heute kaum mehr zu bezahlen. So müssen sich die deutschen wie die anderen europäischen und außereuropäischen Zigarrenhersteller zwangsläufig auf klarere Formen beschränken, auf Formen, die mit Ausnahme des Torpedos sämtlich auf die schlichte, doch elegante alte »Corona« zurückgehen.

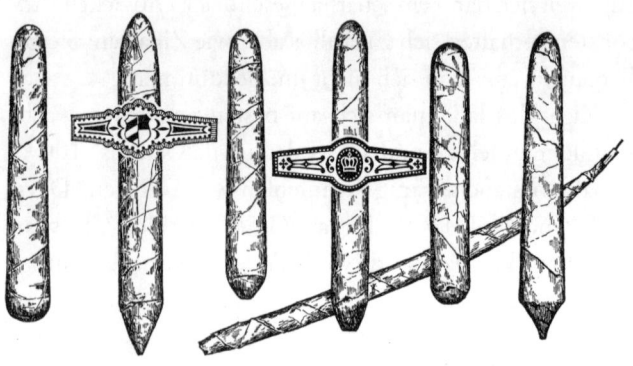

Deutsche Fassons:
Keule, Stromlinie, Ei, Torpedo, Doppelkopf, Kreisel, Virginierzigarre

Tabak für Zigarren, die in Deutschland produziert werden, kommt heute fast ausschließlich aus Übersee, aus Brasilien, Kolumbien, Honduras, auch aus Kuba. Sumatra-Tabake werden in der alten deutschen Tabakstadt Bremen gehandelt, in der schon 1650 Spanier und Portugiesen Tabak aus der Karibik verkauften. Nachdem Staatspräsident Sukarno (1901 – 1970), der Begründer der unabhängigen Republik Indonesien, 1958 die Tabakplantagen der niederländischen Kolonialherren auf Sumatra und Java enteignet hatte, wurde im Jahre darauf die Deutsch-Indonesische Tabakhandelsgesellschaft (DITH) gegründet. Seitdem verkauft Indonesien sämtliche Sumatra-Tabake in Bremen; alljährlich im Mai und September findet dort eine internationale Tabakbörse statt. Tabake der Insel Java, deren Plantagen sich überwiegend in Privathand befinden, werden meist privat angeboten und verkauft. Traditionell wirken auch heute die größten deutschen Zigarrenhersteller in Ostwestfalen, z. B. Arnold André in Bünde und Dannemann in Lübbecke. Bünde beherbergt auch das einzige, liebevoll eingerichtete Zigarrenmuseum Deutschlands.

Delikatessen für Athleten

Falls jemand unbedingt »dunkel« gleichbedeutend mit »böse« gleichsetzen will, dann könnte dies im Falle der Schwergutzigarren zutreffen. Ich pflege stets einen weiten Bogen um diese Teufelsrollen zu machen, kenne ich doch ihre verheerende Wirkung aus eigener Erfahrung. Ich bin weiß Gott kein Kostverächter, und meine Konstitution ist auch nicht gerade schwächlich zu nennen, doch eine Virginier oder Toscano zu rauchen, empfinde ich als rechte Strapaze, aber vielleicht nur, weil meine Wiege nördlich der Donau stand.

Meine erste Begegnung mit der Virginierzigarre hatte ich in Augsburg. Ich war dort zu Besuch bei einem Studienfreund, der in der alten Fuggerstadt eine florierende Arztpraxis betrieb. Wir hatten uns schon seit Jahren nicht mehr gesehen und nutzten nun jede Minute, um amüsante

Erinnerungen aus der gemeinsamen Studienzeit aufzu-
frischen. Ich begleitete ihn sogar auf seiner abendlichen
Besuchsrunde. Mein Freund schmauchte genußvoll eine
elegant geschweifte Virginier; jedesmal wenn wir vor dem
Hause eines Patienten hielten, bat er mich, für die wenigen
Minuten seiner Visite die kostbare Glut zu hüten. Für
mich war das ein Beweis höchsten Vertrauens, das ich auf
keinen Fall enttäuschen durfte. Es ging auch alles ganz gut,
bis – ja, bis mein Freund bei einem Patienten besonders
lange blieb. Ich weiß es heute nicht mehr, ob ihn ein besonders schwieriger Fall oder ein besonders guter Tropfen
von seiner baldigen Rückkehr abgehalten hat. Ich höre nur
noch immer sein homerisches Gelächter, als er mich unweit
des verlassenen Wagens hinter dem schützenden Blattwerk
eines dichten Gebüsches in erbarmenswertem Zustand auf-
las. Trotz allem pries ich die Götter, daß sie mir einen Arzt
als Freund erkoren hatten, denn ich fühlte mich fast am Er-
löschen, wohingegen der Tabakstummel im Autoascher
noch geglimmt haben soll.

Seit jenem Tage betrachte ich die Virginierzigarren voller Skepsis und die Raucher dieser Höllenstangen mit
allergrößter Ehrfurcht. Ja, wenn doch meine Wiege südlich
der Donau gestanden hätte!

Merkwürdigerweise sind die Schwergutzigarren nur in
den Alpenländern zu Haus: in Österreich, in der Schweiz,
in Norditalien und in Süddeutschland. Von den Philippinen kamen sie über Spanien nach Italien und von dort nach
Österreich, der Schweiz und nach Süddeutschland. Hier
scheint es vor allem das Klima zu sein, das einen Genuß ohne Reue gestattet. In der Tat, als ich vor einigen Jahren in

Wien eine Virginierzigarre probierte (nur bis zur knappen Hälfte, denn ich war ja gewarnt), bekam sie mir ganz ausgezeichnet. Allerdings hatte ich zuvor im Rathauskeller ein opulentes »Wiener Vielerlei« mit köstlichen Käsenockerln zu mir genommen.

Schwergutzigarren bestehen aus harz- und nikotinreichen Tabaken, aus dunklem Virginia zumeist (der Tabak wird mit »a«, die Zigarre im allgemeinen mit »er« am Ende geschrieben!) oder aus Kentucky. Sie haben keinen Kopf, das Mundende ist also immer offen oder wird durch ein besonderes Mundstück aus Stroh, Kunststoff usw. verlängert.

Fangen wir bei der Virginierzigarre an, der gehaltvollsten aller Schwergutzigarren. Die Virginierzigarren sind etwa 20 cm lang und ganz schlank, so schlank, daß sie normalerweise nicht ziehen würden, wenn nicht ein Grashalm für den Durchlaß des Rauchstroms sorgte. Der Grashalm ist ein Alicantehalm, ein Halm des mediterranen Espartograses (Stipa tenacissima), der gleichzeitig auch das Rückgrat der zerbrechlichen Virginier bildet. Ein solcher Grashalm wurde erstmals in der berühmten Zigarrenfabrik der spanischen Hafenstadt Alicante verwendet, in der noch zu Beginn des 20. Jahrhunderts über 3000 Frauen Zigarren rollten. Am Ende des Alicantehalms ist ein Strohmundstück aufgesteckt. Vor dem Anrauchen wird der Halm entfernt und hinterläßt dann eine Luftröhre, durch die der gehaltvolle, aber durchaus würzige Rauch ungehindert hindurchstreichen kann.

Die Virginierzigarre, die unter der österreichischen Tabakregie hergestellt wird, besteht aus dunklem Virginiatabak. Warum sie nicht Virginiazigarre heißt, weiß niemand;

sie hieß eben von Anfang an so. Das Fertigen der »Teufels-rollen«, »Satansspargel«, »Spinnenbeine«, wie die kühlen Norddeutschen diese heißblütigen »Nikotinhaxn« nennen, ist das reinste Hexenwerk. Danach wird der Decker mit Concia, einem traganthaltigen, aromatischen Klebstoff, »aufgesponnen«. Je 25 Virginier werden gebündelt und wie ein »Hecht en capillote« (in Papier gehüllt) drei Tage lang bei einer Hitze von 100 Grad gedünstet, wobei Aroma-stoffe der Concia auf den Tabak übergehen. Abschließend erhalten die Zigarren in »Maturierungskisten« ihren spezi-fischen Glanz.

Und solch einen Höllenbraten ließ einer unserer Leh-rer, Oberstudienrat Grützner, genannt die Giftnudel, re-gelmäßig auf seinem morgendlichen Weg zur Schule me-lancholisch zwischen seinen Lippen wippen. Seine Virgi-nier war für uns die Verkörperung des Bösen, die Quelle seiner Bosheiten und Niederträchtigkeiten, mit denen er uns zu peinigen pflegte. Doch heute weiß ich, daß er im Grunde seines Herzens ein braver Mann war.

Mindestens genauso kräftig wie Virginierzigarren sind die berühmt-berüchtigten *Toscani*. Sie sind, wie der Name sagt, eine Spezialität der Provinz Toskana, die National-zigarre der Italiener. Toscani werden meines Wissens in Deutschland nicht angeboten. Wahrscheinlich würden die schweren Stäbchen unseren italienischen Freunden im kal-ten, rauhen Germania gar nicht bekommen. Die nach ei-ner Seite leicht eingebogenen schwarzen, dünnen Toscani werden aus Kentuckytabak hergestellt. Das Umblatt ent-fällt, der Kentuckydecker wird glatt herumliegend aufge-klebt, wie die Papierhülle bei der Zigarette. Sie werden als

Doppelzigarren gefertigt und entweder in der Fabrik in zwei Teile zerschnitten oder nach alter Tradition vom Raucher selbst geteilt.

Aus der Toscano entwickelten sich 1856 in Venetien unter österreichischer Regie die strapaziösen Virginierzigarren (s. oben) und bald darauf in der italienischsprachigen Schweiz der harmlosere *Stumpen,* der in Deutschland noch heute einen großen Freundeskreis hat. Der Stumpen ist so gediegen wie alles, was aus der Schweiz kommt. Er hat die klare, zweckmäßige Form einer Rolle, sieht daher von vorn so aus wie von hinten. Man zieht die braunen Rollen ganz einfach aus dem »Päckli« und zündet sie an, ohne sich auch nur im geringsten darum zu kümmern, welches der beiden Rollenenden wohl das Brandende sein mag. »Das Brandende ischt äben da, wo's brennt.« Und deshalb wird das Stumpendeckblatt ganz und gar und sehr solide aufgeklebt, bevor der Stumpen maschinell aus dem Strang geschnitten wird. Da der Schweizer unnötige Strapazen scheut, ist der Stumpen auch nicht halb so schwer wie der Toscano. Er enthält zwar ebenfalls Kentucky, aber stark verdünnt mit Java- und Brasiltabaken, zu denen noch eine gehörige Portion einheimischen Tabaks hinzukommt. Der pikant-würzige Duft dieser Mischung hängt in allen Gaststuben der Kantone. Noch in 4 000 m Höhe können Sie ihn erschnuppern, wenn Sie hinter einem der wettergebräunten Mürrener Bergführer hertrotten, um die »Jungfrau« zu bezwingen. Und wenn Sie abends wohlig erschöpft vor einem Neuenburger Fondue sitzen und Ihren Körper an der Köstlichkeit geschmolzenen Käses sowie an einer Flasche goldfunkelnden Dézalays wieder aufrichten, dann fehlt eigentlich nur noch eines, um das Behagen vollkommen zu machen: ein guter Stumpen. Noch viele Jahre wird Ihnen dieser einzigartige Dreiklang des Genusses in angenehmer Erinnerung bleiben und Sie dazu verführen, auch in Deutschland hin und wieder einmal ein Stumpenpäckli leerzuschmauchen.

»Wo man raucht, da kannst du ruhig harren,
Böse Menschen haben nie Zigarren.«
Kladderadatsch-Kalender von 1850

Der vollkommene Genuß

G rau, teurer Freund, ist alle Theorie«, sagt Mephisto zu
  Faust, womit er durchaus recht hat, denn was nützt
es uns, zu wissen, was eine Zigarre ist, woraus sie besteht
und wie sie gemacht wird, wenn wir sie nicht auch erproben können. Darum folgen Sie mir jetzt, meine Freunde,
die Praxis ist »des Lebens goldner Baum«. Folgen Sie mir,
ich werde Ihnen zeigen, wie man eine gute Zigarre raucht,
wie man den vollen Genuß aus ihr zieht.

Wer die Wahl hat ...

Fangen wir bei der Auswahl an. Ich kenne Leute, die immer nur Forster Kirchenstück trinken und ewig Griffin's
200 zu 12,80 DM das Stück rauchen. Ich habe nichts gegen einen ordentlichen Pfälzer, in guten Jahren blumig, rassig, geistvoll. Ich habe auch nichts gegen handmade Coronas mit Connecticut Deckblatt aus der Dominikanischen
Republik, aber ich liebe die Abwechslung. Mein Keller enthält, sofern ich zufällig gut bei Kasse bin, rund drei Dutzend verschiedene Weine, für jede Stimmung und für jede
Gelegenheit. Und in meinem Haus-Humidor warten 8 bis
10 Zigarrensorten auf meinen Abruf.

   Die Vorfreude ist die schönste Freude, und so klappe ich

genüßlich meinen Humidor auf, um den würzigen Duft der Tabakrollen zu schnuppern und nach ausgiebigem Abwägen eine bestimmte, dem Zeitpunkt angemessene Zigarre herauszuheben.

An dieser Stelle drängt es mich, Ihnen ein Wort über das Aufbewahren der Zigarren zu sagen. Unser Wein reift im kühlen Keller, liegend stets, damit der bewahrende Korken nicht austrocknet; ein solides Schloß an der eichenen Tür sichert des Bacchus' Reich; den Schlüssel hat meist der Hausherr. Wie aber ist es mit den Zigarren?

Zigarren, vor allem die aus der Karibik, wünschen sich ein heimatliches Klima mit einer Luftfeuchtigkeit von etwa 70 bis 80 Prozent, damit sie geschmeidig und elastisch bleiben und nicht austrocknen. Eine ausgetrocknete Zigarre brennt allzu schnell und ungleichmäßig und wird beim Rauchen heiß, wodurch sie einen scharfen, beißenden Geschmack bekommt. Sie darf aber auch nicht zu feucht sein, weil sie dann schwer brennt und der klumpende Tabak den Zug behindert. Ein echtes Rauchvergnügen vermittelt nur eine à point klimatisierte Zigarre, sofern sie nicht zu den »trockenen Holländern« gehört. Der Wäscheschrank wäre sicher ein geeigneter Ort, denn die restliche Feuchte und Duftigkeit frischer Wäsche wäre die rechte Atmosphäre für unsere braunen Lieblinge. Kluge Frauen nutzen diesen Ort, aber Männer wollen die Zigarren häufig lieber auf ihrem Schreibtisch haben, an dem sie zu sitzen pflegen, ob sie arbeiten oder nicht. Ich habe meine Zigarren auch dort liegen, wohlgeordnet in einem Humidor, der leider viel zu klein ist. Noch vor wenigen Jahren benutzte ich eine prächtige Holzschatulle, aus Zedernholz natürlich, echt Jugendstil, vom Pariser Flohmarkt. Eine Apfelscheibe, täglich gewechselt, erfrischte meine Zigarren. Mit einem Freund stritt ich mich damals, ob es besser sei, einen »Geheimrat Oldenburg« mit dieser Aufgabe zu betrauen, oder einen »Finkenwerder Prinz«. Wir einigten uns auf den »Boskop«, weil er sich am längsten hält und nur an jedem zweiten oder dritten Tag ausgewechselt werden muß. Im Sommer mußte ich mit einer afrikanischen Sorte vorliebnehmen. Heute höre ich immer wieder, daß es falsch sei, ein Obststück zur Klimaverbesserung in die Zigarrenkiste zu geben, weil das die Schimmelbildung fördere. Keramikdosen und Metallschachteln sind auf jeden Fall strikt abzulehnen, weil die Zigarren in ihnen nicht atmen können. Besser wäre es dann, die Zigarren in ihrer Ursprungskiste zu belassen, in ihrer Kiste aus Zedern- oder Gabunholz.

An meinem letzten Geburtstag erhielt ich nun einen Humidor, einen relativ kleinen für nur etwa 120 mittelgroße Zigarren. Ein Humidor ist eine Klimakammer unterschiedlicher Größe. Es gibt Reisehumidore für 20 Zigarren und Walk-in-Humidore, begehbare Klimaräume für Tausende von Zigarren. In einem Humidor herrscht das wonnevolle feuchtwarme Klima der Karibik mit einer Temperatur von 20 bis 22 °C und einer Luftfeuchtigkeit von 70 bis 80 %. Wichtig für das Wohlbefinden unserer Zigarren ist nicht die Wärme, sondern vor allem die Feuchtigkeit. Bei kleineren Humidoren wirkt ein Schwamm oder poröser Stein als Hygrostat, bei größeren Kammern sorgt eine Klimaanlage für eine sachgemäße Lagerung. Im Humidor können gute Zigarren alt werden und nachreifen, also noch

Humidor (im Hintergrund)

an Ausdruck gewinnen, wie guter Wein im richtigen Keller, sofern ihr Eigentümer soviel Geduld hat. Havannazigarren von gewissem Volumen reifen bis zu 15 Jahre. Doch die meisten Zigarren kommen bereits auf dem Höhepunkt ihrer Reife in den Handel und sind für den baldigen Verbrauch bestimmt.

Kleinere Humidore, in denen ein Schwamm oder ähnliches für die nötige Luftfeuchtigkeit sorgt, bedürfen einer gewissen Überwachung. Vor allem muß der Hygrostat regelmäßig mit Wasser befeuchtet werden, und zwar mit destilliertem Wasser, weil sich sonst Schimmel bildet. Ein Mini-Hygrometer zeigt zwar den Feuchtigkeitsgrad an, doch meistens sehr ungenau mit Abweichungen bis zu 20 %. Wer seine Zigarren längere Zeit im Humidor lagern läßt, sollte sie nach jeweils ein bis zwei Wochen wenden, damit sie gleichmäßig klimatisiert sind. Zigarren trocknen in zentralbeheizten Räumen innerhalb weniger Tage aus, doch eine Reklimatisierung im Humidor erfordert mehrere Wochen.

Humidore für den Hausgebrauch bestehen meistens aus Zedernholz, weil dieses tropische Holz mit dem Tabak wundervoll harmoniert und eine ideale Aroma-Ehe eingeht.

Der Innenraum der Humidore sollte hin und wieder auch gereinigt werden, aber bitte nicht mit einem feuchten Lappen, sondern nur mit einem trockenen Tuch. Sollte im Laufe der Zeit ein hellgrauer Flaum ihre kostbaren Zigarren überziehen, so geraten sie nicht gleich in Panik, denn dieser harmlose Schimmel zeigt, daß die Zigarre reift. Wenn Sie der Flaum stört, wischen Sie ihn mit einem weichen Tuch zartfühlend ab.

Seien Sie bitte vorsichtig mit aromatisierten Zigarren; ihr meist sehr intensives Aroma wird schnell von den anderen Zigarren angenommen und kann deren kostbares Tabakaroma beeinträchtigen, wenn nicht gar zerstören.

Gute Zigarren sind nicht gerade billig. Daher kaufen

die meisten Aficionados höchstens einen Wochen- oder Monatsvorrat. Sollten Sie jedoch im Lotto gewonnen oder eine Erbschaft gemacht haben und befürchten, daß die Preise steigen, so kaufen Sie eine größere Partie Ihrer Lieblingszigarre. Wenn Sie keinen genügend großen Humidor besitzen, so vermietet Ihnen Ihr Zigarrenhändler gern ein Schließfach in seinem Klimaraum.

Den Vorrat in der Kiste ergänze ich bei meinem Zigarrenhändler. Ich kenne ihn schon seit vielen Jahren, und er kennt mich und alle meine Gewohnheiten. Wir plaudern jedesmal ein paar Minuten miteinander. Über belanglose Dinge zumeist, manchmal auch über Zigarren. Es ist ein gut aussehender, graumelierter Herr von etwa 60 Jahren, sehr zurückhaltend, aber immer freundlich und ausgesprochen vertrauenerweckend. Ich habe ihn noch niemals ohne Zigarre gesehen. Er verkauft kein Exemplar einer Sorte, die er nicht zuvor gewissenhaft geprüft hat. Zigarrenkauf ist Vertrauenssache. Der Mann oder die Frau hinter dem Tresen müssen etwas von ihrem Fach verstehen und mir dafür garantieren können, daß die Zigarre ordentlich gewickelt ist, daß sie in Geschmack, Aroma und Gehalt meinen Ansprüchen genügt und einwandfrei gelagert ist.

Komplette Kisten kaufe ich nur, wenn ich sie verschenken möchte. Ansonsten lasse ich mir ein Sortiment zusammenstellen aus hellen und dunklen, schweren und leichten, würzigen und milden Zigarren, in verschiedenen Fassons und verschiedenen Preislagen. Es wäre natürlich herrlich, immer nur die teuersten Zigarren rauchen zu können, aber erstens hält das mein Etat nicht aus, und zweitens schmecken mir auch viele Zigarren der gemäßigten

Etikett einer Zigarrenkiste (um 1900)

Preislagen ganz ausgezeichnet. Wir trinken ja auch nicht immer nur Beerenauslese, sondern begnügen uns alltags mit einem gefälligen Tischwein. Sonntags freilich, da könnte es schon etwas Besseres sein, eine Davidoff Grand Cru Nr. 5 oder gar eine Cohiba Siglo II.

Wählen wir uns also eine Zigarre aus dem Zedernholzkistchen. Nicht gierig und nicht hastig, sondern ruhig und mit Bedacht. Jede Bewegung sei der Würde des Augenblicks angemessen. Als Gast seien Sie nicht zu bescheiden, suchen Sie sich ruhigen Gewissens die beste Zigarre aus. Nicht unbedingt die größte. Ihr Gastgeber wird sich freuen, in Ihnen einen Kenner entdeckt zu haben, einen Gleichgesinnten, für den es sich lohnt, stets einen kleinen Vorrat edler Zigarren bereitzuhalten.

Sie kennen vielleicht die kleine Anekdote aus der Schlacht bei Königgrätz im Jahre 1866: Die Preußen wurden von den Österreichern hart bedrängt. Die preußischen

Generalstäbler begannen schon nervös zu werden, weil das ersehnte Korps, das den Gegner von der Flanke her angreifen sollte, noch nicht eingetroffen war. Die Lage war äußerst prekär. Um seinen Feldmarschall zu stärken, zog Bismarck sein Etui hervor und bot Moltke eine Zigarre an. Moltke, sonst ein Vorbild an Bescheidenheit, doch wie Bismarck ein leidenschaftlicher Raucher, betrachtete die beiden noch im Etui befindlichen Zigarren und – nahm die bessere. Da wußte Bismarck, daß die Schlacht für Preußen gewonnen war.

Luften muß sie

Die ausgewählte Zigarre ruht jetzt in Ihrer Hand, wie ein rohes Ei. Lassen Sie sie um Himmels willen nicht auf den Teppich fallen, nicht wegen des kostbaren Isfahan, sondern wegen der noch kostbareren empfindlichen Zigarre. Glauben Sie mir, es gibt kaum eine peinlichere Situation als diese. Schon manche Freundschaft ist aufgrund einer zerbrochenen Zigarre auseinandergegangen. Opfern Sie lieber geistesgegenwärtig Ihre neue Hose, aber lassen Sie die Zigarre niemals auf den Boden fallen, ob sie brennt oder nicht. Sie halten da nämlich ein Kleinod in Ihrer Hand, eine Kostbarkeit, deren ideeller Wert gar nicht zu ermessen ist. Die Erklärung hierfür finden wir allein in der kultischen Vergangenheit der Zigarre, in ihrer göttlichen Herkunft.

Oft erlebt man, daß ein angeblicher Zigarren-Connaisseur die ausgewählte Zigarre an sein Ohr hebt und sie hin und her rollt, bis man es knistern hört. Meine Freunde, dieser Test ist überflüssig und fast beleidigend, denn die Zigarre, die man angeboten bekommt, ist immer die beste und bedarf keiner Prüfung. Außerdem kann die Zigarre beim Rollen zwischen den Fingern beschädigt werden. Was dann? Gern dürfen Sie an Ihrer Auserwählten schnuppern, den Duft des Deckblatts genießen.

Nun entfernen wir, sofern vorhanden, die mehr oder weniger prachtvolle Bauchbinde. Je nach Temperament und Verwendungszweck streifen wir sie behutsam ab (wenn der Ring z.B. ein Kind erfreuen soll), lösen sie vorsichtig auseinander (wenn wir die bunten Binden sammeln) oder reißen sie prosaisch ab (wenn wir sie kurzerhand in den Ascher werfen wollen). Auf der Zigarre jedenfalls bleibt sie nicht, weil das ein wenig großspurig aussieht und beim Rauchen meistens stört. Churchill allerdings konnte sich diesen Fauxpas leisten und beließ die Bauchbinde an ihrem Platz; hatte die Glut den Papierring erreicht, nun, so legte er die Zigarre ab. Ein Vergeuder war er nicht, doch ein Genießer.

Wenn Sie also die Bauchbinde von der Zigarre nehmen wollen, achten Sie bitte darauf, daß sie nicht an der Zigarre klebt. Reißen Sie nicht an ihr, das würde den Decker beschädigen. Notfalls rauchen Sie die Zigarre bis zum Ring, die nahe Glut weicht dann den Klebstoff auf und gibt den Zigarrenring frei.

Denken wir immer daran, daß das Deckblatt eine äußerst empfindliche Hülle ist. Denken wir besonders daran, wenn es an das Einschneiden des Kopfes geht. O weh, verwechseln Sie niemals das »Brandende« mit dem »Kopf«! Den Kopf stecken Sie als Mundstück zwischen die Lippen, am Brandende wird die Zigarre angezündet. Sagen Sie nicht, daß es bedeutungslos sei, in welcher Richtung die Zigarre geraucht wird. Machen Sie es verkehrt herum, so wird sich das Deckblatt bald von der Zigarre lösen und das Fest des Rauchens unrühmlich beenden.

Wo ist nun der Kopf? Wo ist das Brandende? Erfahrene Zigarrenraucher haben das sofort im Blick, denn sie kennen sämtliche Fassons. Dem Anfänger aber sei verraten, daß immer das geschlossene Ende der Kopf ist, das Ende also, bei dem die Deckerei beendet, das Deckblatt fest verklebt wurde. Das offene Ende dagegen ist das Brandende. Sind beide Enden geschlossen, das kommt auch vor, so müssen Sie genau auf die Wickelrichtung des Deckblatts achten.

Durch einen geschlossenen Mund kann man bekanntlich nicht atmen. Also muß das Mundstück, der Kopf, geöffnet werden. Das ist eine regelrechte Operation, so gefährlich, so heikel, so ungewiß in ihrem Ausgang wie jede andere. Mißlingt sie, bricht das Deckblatt also, ist es meistens um die Zigarre geschehen. Alles weitere wäre nur ein Dahinvegetieren, peinlich für den Chirurgen, qualvoll für die Zigarre, unangenehm für jeden, der dieses Drama miterleben muß. Tief genug und großzügig muß der Schnitt erfolgen, denn von ihm hängt es ab, ob die Zigarre nachher gut zieht, »luftet«, wie der Fachmann sagt. Es gibt Edelstahlscheren, Taschen-Guillotinen mit äußerst scharfen Einfach-, Doppel-, sogar Dreifachklingen, Cutter in Stahl oder Gold mit zwei Klingen in diversen reizvollen Farben, auch mit Bruyèreholz belegt. Der britische Premierminister Winston Churchill trug zwar einen kleinen Zigarrenabschneider an seiner Uhrkette, pflegte seine Zigarren aber immer mit einem Streichholz anzubohren. Fragen Sie mich bitte nicht, welche Methode am besten ist: das Kappen eines Teils des Kopfes, das V-förmige Einkerben oder das Bohren eines Loches in die Mitte des Kopfes. Jede dieser Methoden hat ihre Vor- und Nachteile. Wichtig ist immer, daß die jeweilige Schneide und der jeweilige Bohrer scharf genug sind, um die Zigarre nicht zu beschädigen.

Zunächst wird das Mundstück der Zigarre zwischen unseren Lippen angefeuchtet, damit das trockene, spröde Deckblatt elastisch wird und somit den Strapazen des Eingriffs besser gewachsen ist. Eine gut klimatisierte Zigarre bedarf dieses Anfeuchtens allerdings nicht; sie ist elastisch genug, um ein scharfes Messer zu ertragen. Sodann greifen wir zu unserem chirurgischen Besteck. Gewiß, es gibt auch Menschen, die ihre Zähne jedem künstlichen Werkzeug vorziehen. Sie bleiben dennoch Barbaren, auch wenn sie das abgebissene Tabakstück mit graziöser Geste von den Lippen nehmen. Anfänger wählen den Zigarrenabschneider, weil es damit am bequemsten geht; außerdem macht sich so ein Abschneider, wohlverziert mit Hirschgeweih, Perlmuttbesatz oder Elfenbeinschnitzerei in Edelstahl oder Sterlingsilber, vergoldet mit Streifendekor, recht gut auf dem Rauchtisch. Der echte Zigarrenraucher hat aber stets ein Federmesser zur Hand, ein spezielles Zigarren-Taschenmesser mit kleiner, äußerst scharfer Klinge. Der Umgang mit dem Federmesser ist nicht leicht. Behutsam schneidet er des Kopfes Spitze in exaktem Kreise ab. Stumpfe und kugelige Köpfe kerbt er vorsichtig ein. Das hauchdünne, kostbare Sumatra-Sandblatt kann überhaupt nur das Federmesser ertragen; der Zigarrenabschneider würde es unweigerlich verletzen. Eine Rasierklinge oder ein Wurstmesser zu nehmen, halte ich für ausgesprochen brutal. Trotzdem kenne ich Leute, die mit diesen Instrumenten virtuos umzugehen verstehen, auch bei Zigarren.

Jede Zigarrenfasson erfordert einen entsprechenden Einschnitt. Je spitzer der Kopf, desto tiefer muß der Schnitt geführt werden. Die Kerbe ist meistens vorteilhafter als der Flachschnitt, weil sie eine größere Luftungsfläche hat.

Laien werden sich fragen, warum der Kopf nicht schon in der Fabrik fachgerecht eingeschnitten wird. Nun, das wird auch getan, aber nur bei luftdicht verpackten Zigarren, denn das geschlossene Mundstück soll ja ein Austrocknen der Zigarre verhindern. Aber welcher rechte Zigarrenraucher möchte diesen gefahrvollen Eingriff einem Fremden überlassen, womöglich gar einer Maschine? Die Verantwortung, die Sorge um sein Tabakgeschöpf knüpft die Bande des behaglichen Genusses zwischen ihm und seiner Zigarre nur noch fester.

Prüfen Sie nun, ob die Zigarre genügend Zug hat. Nehmen Sie sie kalt an die Lippen und saugen Sie kurz durch. Ist der Luftstrom irgendwo unterbrochen, so drücken Sie leicht am Kneifer bzw. am Brandende, bis es drinnen leise knackt. Dann bricht ein Blatt der Einlage und gibt den Strom frei. Hilft das nicht, so drücken Sie auch am Kopf oder am Bauch der Zigarre. Zeigt sich noch immer kein Erfolg, dann nehmen Sie als letzte Rettung ein Streichholz (oder meinetwegen auch eine Stricknadel) und bohren es oder sie vorsichtig in die Kerbe ein, so weit wie irgend möglich. Sollte die Zigarre jetzt immer noch nicht luften, so werfen Sie sie zum Fenster hinaus. Ärgern Sie sich nicht,

meine Freunde, freuen Sie sich lieber, daß Ihnen ein frag-
würdiges Abenteuer mit einer sogenannten Giftnudel er-
spart geblieben ist! Greifen Sie zur nächsten Zigarre!

Feuer erweckt sie zum Leben

Unaufhaltsam nähern wir uns dem Höhepunkt des Festes,
der mit dem Anzünden unserer Zigarre eingeleitet wird. Ja,
wie leicht haben wir es im Vergleich zu früher, wenn wir bedenken, daß die Maya zuvor mühsam Feuer reiben oder die
wackeren Landsknechte erst mit Flint und Zunder einen
zündenden Funken hervorlocken mußten, um ihren Tabak
zum Leben zu erwecken. Wir nehmen ganz einfach ein
Streichholz, entzünden es an der Reibfläche, warten ein wenig, bis die lodernde Flamme den schwefeligen Zündholz-
kopf aufgefressen hat, und halten diese unter das Brandende der Zigarre, aber ohne daß sie es berührt. Sonst ver-
rußt das Deckblatt. Wir ziehen einige Male behutsam, weder zu schnell noch zu häufig, saugen gewissermaßen die
Flamme in die Zigarre hinein. Dabei drehen wir die Zigarre, bis die volle Fläche des Brandendes zu glimmen beginnt, unsere Zigarre gleichmäßig «brennt». Erschrecken
Sie nicht, wenn plötzlich eine Flamme hochschlägt; sie erlischt gleich wieder. Jetzt muß es sich zeigen, ob unsere Zigarre überhaupt zur Zigarre wird, zu einem glutvollen
Stückchen Tabakstrang.

Mit welcher Ruhe und Bedächtigkeit ein alter Zigar-
renfuchs an das Anzünden seiner Zigarre geht, beweist folgende Anekdote über den großen Schauspieler Friedrich

Mitterwurzer (1844–1897). Mitterwurzer spielte am Wiener Burgtheater in Ibsens ›Nora‹ den Advokaten Helmer und hatte sich in einer Szene eine Zigarre anzuzünden. Dabei fiel ihm versehentlich die Streichholzschachtel aus der Hand, und alle Zündhölzchen lagen verstreut auf dem Bühnenteppich. Nun hob er, ein Zigarrenraucher par excellence, nicht etwa schnell ein Hölzchen auf, um sich damit geschwind die Zigarre anzustecken, sondern sammelte in größter Gelassenheit erst sämtliche Hölzchen wieder ein, bevor er sich endlich seine Zigarre anzündete und den Dialog fortsetzte.

Eine Anekdote nur, doch wie bezeichnend!

Übrigens: Die perfekteste Art, eine Zigarre anzuzünden, verriet mir Zino Davidoff, einer der weltgrößten Zigarrenhersteller: Sie lassen einen Zedernholzspan – keinen Fidibus aus Papier – an irgendeinem Feuer entflammen und halten den brennenden Span vorsichtig unter das

Zino Davidoff

Brandende Ihrer Zigarre. Das Zedernholzfeuer erweckt sie zum Leben und veredelt zugleich ihr Aroma.

Zwei Todsünden für Zigarrenraucher haben wir bereits kennengelernt: das Fallenlassen der Zigarre und das Verwechseln von Mundstück und Brandende. Die dritte Todsünde ist, einem Zigarrenraucher Feuer zu reichen. Die Streichholzschachtel wohl, niemals aber das brennende Streichholz. Die zuckende Flamme muß er selbst entzünden, nach eigenem Willen, mit eigener Hand. Er selber bestimmt den Zeitpunkt, wann die Flamme zum Tabak hinübergleiten darf. Niemand sollte es wagen, den andachtsvollen Ablauf der vorbereitenden Handhabungen zu unterbrechen.

Auch ist es töricht, darauf zu warten, bis des Nachbarn Zigarre zu glimmen beginnt, und dann das brennende Streichholz zu erbitten. Sein mißbilligender Blick würde uns die Schamröte ins Gesicht treiben; denn jedes Streichholz ist für nur eine Zigarre bestimmt. Wie könnte man am Streichholz geizen, wo das Rauchen doch Verschwendung ist, eine köstliche allerdings.

Kein besseres Mittel wüßte ich als das Streichholz. Es zündet immer, zu jeder Zeit, sofern nicht rohe Kräfte seinen schlanken Leib zerbrechen. Doch sei damit nicht gesagt, daß alle Fortschritte der Zivilisation sinnlos wären. Gegen ein Feuerzeug, ein gasbetriebenes allerdings, ist im Grunde nichts einzuwenden. Benzindunst aber behagt der empfindsamen Zigarre nicht.

Um die Luft rein zu halten oder um elektrischen Strom zu sparen oder weil es so romantisch ist, stellen viele Leute gern eine brennende Kerze auf den Tisch. Aus mehr oder weniger prunkvollen Leuchtern erheben sich die wächsernen Flammenträger und verlocken den Raucher, daran seine Zigarre zu entzünden. Bitte nicht! Die mit der Flamme emporgeschleuderten Wachs- oder Stearinteilchen verderben mit Sicherheit die gute Zigarre.

Das Fest des Rauchens

Die Zigarre brennt, sie brennt gleichmäßig und gut. Die letzte Tat ist uns gelungen. Nun kommt der Lohn für alle Mühen, die doch nur Vorbereitung waren für diesen einen Höhepunkt: den ersten eigentlichen Zug, den Jungfernzug.

Werden wir zufrieden sein?

Wir lehnen uns zurück, sammeln uns für den großen Augenblick, benetzen ein wenig unsere Lippen, damit sich die Verbindung, ja Vereinigung desto inniger gestalte, führen jetzt die Zigarre zwischen die kaum geöffneten Lippen, schließen die Augen, um die Konzentration zu erhöhen, und – ziehen. Nicht ängstlich und nicht zögernd, sondern entschieden, beherrschend, genießend. Und für die kurze Zeit des Zuges entfernen wir die leitende Hand, um das leise Vibrieren der lustvoll Erglühten nicht zu stören.

Ist der Zug vollendet, so lösen wir die Zigarre wieder von uns, schonend, zärtlich, wohl wissend, daß sie das Schönste gab, was sie besaß.

Wir haben es nicht eilig, den Rauch wieder loszuwerden. Umschmeicheln soll er Zunge und Gaumen und uns laben mit der Köstlichkeit seiner Jugend. Hat er uns alles gegeben, was wir von ihm erhofft, erwartet haben, nun, so kann er wieder gehen. Einen Teil von ihm entlassen wir durch unsere Nase, um noch das Letzte zu entlocken: den »queue«, das Fulminanteste von allem.

Ganz leise führen wir sodann die Zigarre unter unserer Nase vorüber, nur ein einziges Mal, um auch den ersten Duft, den ungenutzten, der von der Spitze sich davonzustehlen sucht, auszukosten. Die ersten blauen Schwaden schweben empor und ziehen über unsere Köpfe dahin. Das Fest des Rauchens ist in vollem Gange.

Des Frühlings erste Wonnen sind nun verebbt, doch auch der Sommer hat seine Reize. Drum ziehen wir mit Genuß und Bedacht, nicht zu hastig, sonst wird die Zigarre zu heiß und verliert an Aroma und Würze. Der Rauch bekommt dann einen faden, bissigen und grasigen, oft bitteren Geschmack. Und nicht zu langsam, sonst brennt sie schief oder nach innen. Es gilt also, die Zigarre behutsam zu führen, sie zu lenken, zu leiten. Es gilt, ihre Launen großzügig zu ertragen, ihre Schwächen auszugleichen, ihre Stärken aber zu fördern. Prüfen Sie hin und wieder Ihren Brand und korrigieren Sie ihn, falls es not tut, durch leichtes Drehen der Zigarre.

Und denken Sie ab und zu daran: Zigarrenraucher inhalieren niemals. Die Würze der Zigarre, ihr wundervolles Aroma, wird vor allem durch die Geschmacksknospen im Mund aufgenommen.

Sie braucht uns, braucht die innige Umarmung unserer Lippen, braucht den Atem, um in glutvoller Leidenschaft zu erblühen. Sie braucht unsere Liebe, für die kurze Dauer ihres Daseins. Fühlt sie sich betrogen, hintergangen, weil wir zu ziehen vergaßen, abgelenkt vielleicht durch eine erregte Debatte – dann geht sie aus, erlischt, stirbt. Meine Freunde, das Ziehen vergessen ist die vierte, die größte Todsünde.

Was also tun, wenn die Schöne ihre Seele aufgegeben hat? Das kostbare Stück einfach in den Aschenbecher legen? Und eine neue Zigarre anstecken? Das wäre das einzig Richtige, ließe einen am schnellsten über den schmerzlichen Verlust hinwegkommen. Aber wer tut das schon? Lieber versucht man, die allzufrüh Dahingeschiedene wieder zum Leben zu erwecken. Nicht aus Mitleid, nicht aus Liebeskummer. Vielleicht aus falsch verstandener Sparsamkeit. Man streift zuerst die Asche ab, hält dann ein flammendes Streichholz unter das erloschene Ende, um die geronnenen Teerteilchen zu verbrennen, und wartet, bis der Tabak wieder zu glimmen beginnt. Dann erst führt man die Zigarre zum Mund und tut einen vorsichtigen Zug, in der ängstlichen Hoffnung, es möge noch mal gut gegangen sein. Meistens ist dies auch der Fall, aber oftmals beißt, kratzt, stinkt die Zigarre, hat sich in ein widerwärtiges Raubtier verwandelt.

Manche Leute lieben solche Raubtiere. Es sind die kleinen Baudelaires, die sich abends vor dem Schlafengehen noch rasch eine Zigarre anzünden, sie nach ein paar Zügen ausgehen lassen und am nächsten Morgen auf nüchternen Magen wieder anstecken. Wir distanzieren uns selbstverständlich von diesen Vandalen, hegen und pflegen die Glut, auf daß die Zigarre uns danke mit einer Fülle von Duft, Geschmack und Wärme.

Wenn wir gezwungen sind, unser Rauchvergnügen vorzeitig zu beenden, weil uns irgendeine Pflicht ruft, so lassen wir unsere Zigarre ungestört im Ascher entschlummern. Auf keinen Fall drücken wir sie wie eine Zigarette aus, sondern legen sie einfach ab.

Als »rassig« gilt eine Frau, die gut aussieht, schlank und sportlich ist. Ein »rassiger« Mann dürfte ähnliche Eigenschaften aufweisen. Ein »rassiger« Wein hat den genau richtigen Säuregrad. Und eine Zigarre ist »rassig«, wenn sie viel Würze enthält. – Man spricht von einem »lieblichen« Wein, wenn er gefällig, aber wenig charakteristisch ist. Eine Zigarre ist »lieblich«, wenn sie mild und leicht erscheint, ohne Würze, mit wenig Bouquet. – »Leicht« ist ein alkoholarmer, aber angenehm mundender Wein. Eine »leichte« Zigarre enthält wenig Harz und Nikotin.

Sie sehen also, meine Freunde, daß Wein, Weib (Kerl) und Zigarren oftmals gewisse Gemeinsamkeiten haben, die sich sogar in der »Fachsprache« ausdrücken. Hier noch einige Bezeichnungen, die sowohl in der Zigarren- als auch in der Weinbranche geläufig sind: bissig, blumig, elegant, frisch, kernig, kräftig, mild, rund, scharf, schwer, spritzig, süffig usw. Wenden Sie diese markanten Bezeichnungen ruhig an, auch wenn Sie manchmal daneben greifen; jeder hält Sie für einen Kenner, was Ihnen viel Ehre einbringen dürfte.

Es gibt vielerlei Art, die Zigarre zu halten, zwischen Daumen und Zeigefinger, mit den Kanten der Finger, halbfest, ein wenig geneigt, damit die Asche nicht bricht. Aber auf noch verschiedenere Weise kann sie im Munde stecken: in der Mitte des Mundes, dem Rund der Lippen angeschmiegt, etwas hängend, nicht melancholisch, sondern um den aufwärts drängenden Duft zu erhaschen, das ist die Norm. Jede Abweichung hiervon gilt als entartet, krankhaft, abnorm. Eine steil aufragende Zigarre weist auf Größenwahnsinn hin. Eine schief im Mundwinkel hängende Zigarre läßt auf Schizophrenie schließen. Ist sie zwischen die Zähne geklemmt, drückt dies Brutalität aus. Das jedenfalls behaupten die Psychologen. Eilen Sie drum, in den Spiegel zu blicken, festzustellen, von welchen Geistesgebresten Sie befallen sind. Aber erschrecken Sie nicht, wenn der Zigarre Haltung nicht der angeblich gesunden Norm entspricht, denken Sie an das, was ein großer Arzt einmal sagte, daß nämlich jeder normale Mensch auch mehr oder weniger verrückt sei.

Wir können sie auch in eine Spitze stecken, wenn unsere Lippen zu kraftlos sind, die schwere Gran Corona zu halten, oder um zu zeigen, daß wir eine kostbare Zigarrenspitze unser eigen nennen, aus Bernstein oder Koralle, aus Achat, Meerschaum, Elfenbein oder Rosenholz, mit einem Kaiser Wilhelm darauf oder Rübezahl. Auch ich habe eine Zigarrenspitze, nicht wegen meiner Lippen, sondern weil ich sie geschenkt bekam, zum Vatertag von meinen Kindern; sie ist aus feinziseliertem Silber und hat einen praktischen Auswerfer für den Stummel. Leider ruht sie schon lange in meiner Schreibtischschublade, denn ich konnte mich mit dem schönen Stück nicht befreunden. Wenn ich eine Zigarre rauche, muß ich ihre Nähe fühlen, ihren würzigen, ungefilterten Hauch atmen, muß ihre Wärme an meinen Lippen spüren, den Tabak schmecken. Die Zigarrenspitze dagegen ist wie ein Fremdkörper, der sich zwischen mich und meine Zigarre drängt, der mich von meiner Geliebten trennt, statt mich mit ihr zu verbinden. Nein, nein, ich rauche meine Zigarre lieber so wie sie ist, ohne Gewand, ohne Schmuck, ganz en nature.

Es gibt Leute, die rauchen ihre Zigarre auch beim Spazierengehen, beim Rasenmähen, beim Erklimmen eines Berggipfels, ja, sogar splitternackt am Strand von Kampen. Verboten ist es nicht, das Rauchen im Freien, seit 1848 schon nicht mehr, sofern man es nicht im Walde tut. Vielleicht kehrt das Verbot zurück, wie schon in einigen Staaten Nordamerikas, um nicht die Gesundheit des mitrauchenden Bürgers und der Tierwelt zu gefährden. Doch wer den Tabak aufrichtig verehrt und seine Zigarre ehrlich liebt, der wird bedenken, daß ihn im Freien doch nur halber Genuß erwartet. Der Tabak verbrennt, der Rauch verfliegt, der Duft entschwindet. Was uns bleibt, ist nur ein bißchen Wärme – und Unterhaltung vielleicht. Ist das genug?

Insofern ist die Zigarre ein rechter Stubenhocker. Luft braucht sie wohl, aber keinen Wind. Ungestört soll der Rauch zur Decke steigen, soll sich der Duft verbreiten und unser Gespräch würzen.

Das Gespräch, die Geselligkeit sind das rechte Klima für unsere Zigarre. Zwar wird auch der Einsame jenes unbeschreibliche Behagen fühlen, das die Zigarre ihm gewährt, aber verdichten wird es sich nur im Kreise Gleichgesinnter, wenn die Schwaden mehrerer Zigarren sich zu mächtigen Wolken vereinigen, wenn der Tabakrauch die Wirklichkeit zu verschleiern beginnt. Hier, in diesem Kreise ist das einzigartige Crescendo und Decrescendo des Genießens spürbar, der Zyklus der Jahreszeiten, der sich symbolhaft in den einzelnen Abschnitten des Rauchvorganges offenbart: der Frühling, der die Vorfreude, die Präliminarien umfaßt – das Vergnügen der Auswahl, die Spannung des Einkerbens, die Fröhlichkeit des Anzündens. Der Sommer, der das Hochgefühl der vollen Züge, die Entfaltung von Geschmack und Duft ausdrückt. Der Herbst, die Zeit der Reife und der Fülle, mit seiner leisen Melancholie, die uns an die Vergänglichkeit alles Irdischen gemahnt. Der Winter, den wir in den Grautönen der Asche wiederzuerkennen glauben, der uns den Schmerz des Todes spüren läßt, in uns aber auch die Hoffnung auf einen neuen Frühling keimen läßt.

Ich habe es schon öfters feststellen können – soweit mir eine gute Zigarre überhaupt Zeit zu nüchterner Beobachtung läßt –, daß sich dieser geheimnisvolle Zyklus auch im Gespräch wiederholt, in einer eigenartigen Parallelität zwischen Zigarre und Wort.

So etwa beginnt der Reigen: Die Stimmung ist großartig. Geistreiche Pointen blitzen auf, nicht stechend und verletzend, sondern eher lausbübisch, schalkhaft. Man möchte meinen, in einen Kreis von Eulenspiegeln geraten zu sein. Auf einmal wird es still, ein Fluidum der Spannung erfüllt den Raum, Streichhölzer flammen auf, die ersten blauen Wölkchen wehen empor. Der Gastgeber blickt in die Runde: Werden seine Gäste zufrieden sein? Sie sind es. Behaglich lehnen sie sich zurück und genießen die ersten Züge. Gelegentlich durchbricht ein Kompliment die Stille des Zeremoniells. Aber sonst kein Laut, nur das leise Atmen der Rauchenden. Ehrfürchtiges Schweigen während einer knappen Minute, einer Ehrenminute für die Zigarre. Es ist wie beim Weintrinken: Wenn wir das erste Glas er-

Schaufensterplakat der Dresdner Zigarrenfabrik A.R. Jedicke & Sohn

heben und ein guter Tropfen darin funkelt, dann über-
kommt uns ebenfalls eine feierliche Stille, aus der uns ein
fröhliches »Prosit!« erlöst. Beim Rauchen aber gibt es kein
»Wohl bekomm's«, kein »Cheerio«, »Santé« oder »Skål«.
Wir ziehen genußvoll den Rauch in den Mund, lassen ihn
über Zunge und Gaumen fließen und blasen ihn in lustigen Wolken wieder aus. Die Wolken, die Kringel, Schleier
und Ringe, sie sagen für uns, was wir nicht können: »Prosit! Es möge zum Wohle von euch allen sein!«

Dann setzt das Gespräch wieder ein, aber ruhig, gemessen, seriös. Wir folgen den Gedanken, die nach den ersten behaglichen Zügen in uns anklingen, uns wie flüchti-
ge Wolken zu enteilen suchen. Prosaische Naturen sprechen jetzt vielleicht über die neuen Bemühungen in der
Nahost-Politik oder über das Ansteigen der Aktienkurse im

Bereich der Telekommunikation oder über das Traber-Derby vom letzten Sonntag. Aber wenn das Nikotin zu wirken beginnt, wenn wir fühlen, wie ein belebender, erfrischender Strom durch unseren Körper pulst und unseren Geist beflügelt, dann erhebt sich das Gespräch zu einem geistvollen Wortgefecht, zu einem ritterlichen Kampf der Argumente. »Erst Glut, dann Rauch; Gestalt zuerst, dann Geist«, sagte Christian Morgenstern. Und warum sollten wir im blauen Dunst nicht auch ein wenig philosophieren, uns mit der Frage nach dem Sein des Seienden befassen? »Ich rauche, also bin ich«, könnten wir in dilettantischer Anlehnung an das Cartesianische Prinzip »cogito ergo sum« sagen. Oder?

Je kürzer die Zigarre, desto schwerer werden die Gedanken. Endet alles Irdische im Ungreifbaren, und bleibt nur ein Häuflein Asche zurück? Mit Christoph Weißenborn (1678 – 1712) könnten wir ins Meditieren geraten:

»Betrachtet man den flüchtgen Rauch,
so muß man als ein Christ gestehen:
Wir müssen endlich eben auch,
wenn Zeit und Stunde kommt, vergehen.

Und steigt der Mensch gleich noch so hoch
und wär der größte auf der Erden,
so muß der Leib doch endlich noch
wie du, Tabak, zu Asche werden.«

Rauchringe

Der Rauch verbindet die Menschen mit den Göttern. Er steigt auf, verweht und geht schließlich in die himmlischen Gefilde ein. Seit Urzeiten gebraucht ihn der Mensch, um mit den Göttern Zwiesprache zu halten, sie zu besänftigen, zu versöhnen, um Rat und Hilfe zu bitten. Bei einem altindianischen Rauchopfer dürfte einst auch die Wirkung des Tabakkrautes entdeckt worden sein.

Sprechen wir also über den blauen Dunst, über die wogenden Rauchschwaden, die unser Dasein so wonnig umranken und die Gardinen unserer Wohnung so gräulich verschmutzen. Sprechen wir vom Zigarrenrauch. Woraus besteht er? Kurz gesagt, aus den Schwel- und Verbrennungsprodukten der Zigarre, die als feinster Nebel sichtbar werden. Er enthält Nikotin, Wasserdampf, Harze, ätherische Öle und zahlreiche andere Stoffe.

Das Nikotin ist naturgemäß der wichtigste Bestandteil des Zigarrenrauches, denn von ihm gehen fast alle physiologischen Wirkungen aus. Es wäre völlig sinnlos, einen nikotinfreien Tabak zu ziehen, wie es Botanikern tatsächlich gelungen ist, ebenso wie es sinnlos wäre, einen alkoholfreien Whisky herzustellen. Das Nikotin ist nun einmal der Urheber jenes Wohlbefindens, das uns das Rauchen so erfreulich macht. Es ist aber auch, was man natürlich nicht vergessen darf, eines der stärksten Gifte, das die Natur erzeugt. Schon 50 mg genügen, um einen Menschen umzubringen. Und da eine normale, etwa 5 – 7 g schwere Zigarre etwa 100 mg Nikotin enthält, würde sie ausreichen, um gleich zwei Menschen zu töten, vorausgesetzt, die beiden verspeisten sie.

Wie kommt es nun, daß wir nach dem Genuß einer Zigarre nicht gleich tot umfallen? Nun, nicht alles Nikotin, das in der Zigarre steckt, wird von unserem Körper absorbiert. Sehr viel Nikotin verbrennt, noch bevor es in den Rauchstrom gelangt. Ziehen Sie darum stets langsam und bedächtig, damit das Nikotin genügend Muße hat, in der Glutzone zu verbrennen. Und achten Sie darauf, daß die Glut nicht verkümmert; sorgen Sie für einen gleichmäßigen Brand.

Das meiste Nikotin verdampft, es quillt als feiner blauer Rauch aus dem Brandende oder strömt durch die Zigarre in den Mund des Rauchers. Da ein erfahrener Zigarrenraucher aber niemals inhaliert, sondern gemütlich »pafft«, bleibt nur eine verschwindend geringe Menge Nikotin auf den Schleimhäuten zurück, etwa 1 bis allerhöchstens 5 mg. Und diese winzige Dosis wird mit Schweiß und Urin bald wieder aus dem Körper gespült.

Nun wissen Sie also, verehrter Freund, verehrte Freundin, warum so viele Raucher ihre Zigarre überleben.

Ob eine Zigarre leicht oder schwer ist, hängt grundsätzlich von ihrem Nikotingehalt ab. Inwieweit dieser Nikotingehalt aber zur Wirkung kommt, hängt wiederum von anderen Faktoren ab, zum Beispiel vom Wasser- und Harzgehalt der Zigarre. In der Glutzone bildet sich Wasserdampf, der auf seinem Weg durch die Zigarre die gewickelten Tabakblätter aufschließt und das freiwerdende Nikotin an sich bindet. Daher wirken trockenere Zigarren leichter als feuchtere.

Das Harz bildet sich in den feinen Drüsenhärchen an der Oberseite des Tabakblattes. Es beeinflußt nicht nur Aroma und Geschmack, sondern wirkt sich auch auf die Schwere der Zigarren aus. Zigarren aus besonders harzreichen Tabaken, wie die Virginier und die Toscani, werden als ausgesprochen schwer empfunden. Das liegt daran, daß die im Rauch schwebenden großen Harztröpfchen sehr viel Nikotin binden und sich wegen ihres Gewichtes schneller auf den Schleimhäuten des Mundes niederlassen als die anderen Rauchpartikelchen, die vom Raucher zum größten Teil wieder ausgeblasen werden.

Die ätherischen Öle sind die Duftträger der Zigarre. Sie sind schon von Natur aus im Zigarrenblatt enthalten und lösen sich beim Verbrennen. Im letzten Drittel der Zigarre aber vermögen sie sich nicht mehr gegen das Konzentrat der Teerstoffe durchzusetzen: die Zigarre beginnt zu stinken.

Casanova, der große Abenteurer, Schriftsteller und Frauenheld, sagte einmal: »Das größte Vergnügen beim Rauchen besteht im Anblick des Rauches.« Das ist der Grund, weshalb es uns keine Freude macht, im Dunkeln zu rauchen. Wir brauchen das Licht, die Helligkeit, um den Fäden und Schleiern der Wolken, Kringeln und Ringen nachschauen zu können, den unbestimmten Wogen des Behagens und der Gemütlichkeit.

Haben Sie schon einmal über die mathematischen Gesetzmäßigkeiten nachgedacht, die den Tabakrauch zwingen, diese oder jene Form anzunehmen, diesen oder jenen Weg zu gehen? Ich fragte einmal den bekannten Göttinger Physiker, Strömungsforscher und Zigarrenraucher Prof.

Ludwig Prandtl, einen der Begründer der modernen Hydro- und Aerodynamik, ob er eine exakte Formel für diese ätherischen Gebilde wüßte. Er zog genußvoll an seiner Zigarre, schüttelte den Kopf und meinte: »Es ist etwas Göttliches.« Und listig lächelnd fügte er hinzu: »Aber der Teufel hat uns gelehrt, wie man Ringe raucht.« Und auf Anhieb entstieg seinem Mund ein herrlich gestalteter blauer Rauchring, vibrierte ein wenig und schwebte zur Zimmerdecke empor, wo er schnell zerfloß.

Solche Rauchringe zu blasen war mein Traum von Kindheit an. Aber ich schaffte es nie, so sehr ich mich auch bemühte. Es gibt aber Meister im »Zigarren-Rauch-Ring-Blasen«, die sich in der Kunst, die schönsten Ringe zu zaubern, in humorvollem Wettstreit messen. Ihre Traumkür sind die olympischen Ringe aus Zigarrenrauch. Wie man es anstellt, jederzeit Ringe in beliebiger Größe und Anzahl zu blasen? »Nun, es ist ganz einfach«, erklärte einmal einer der Meisterraucher, »man muß nur möglichst viel Rauch im Mund sammeln und warten, bis er sich beruhigt hat. Mit der Zunge bringt man den Rauch sodann in die richtige Form und läßt ihn durch die kreisförmig geöffneten Lippen entschlüpfen.« Ganz einfach, nicht wahr? Ungewollt gezauberte Rauchringe haben immer etwas Mystisches wie Sternschnuppen, die vom nächtlichen Himmel fallen. Man würde sich gern etwas dabei wünschen, wenn man sich nicht schon so erwachsen fühlte. Ernst Heimeran (1902–1955), der bekannte Schriftsteller und Verleger, hat in seinem ›Familienalbum‹ das kurze ätherische Dasein eines solchen ungewollten Rauchringes beschrieben:

»Gestern abend im Zug, in der magischen Wieunter-
wasserbeleuchtung, in der die Gesichter der Reisenden
phosphoreszieren wie Tiefseewesen, ist mir unversehens
ein Kunststück gelungen, das ich schon mehrmals vergeblich geübt und das mir immer wieder fehlt, wenn es von
den Kindern verlangt wird: Das Kunststück, einen Rauchring zu blasen. Zärtlich löste er sich von meinen Lippen,
kreiselte erst selbstvergnügt vor sich hin, wurde dann von
dem offenen Mund meiner schlafenden Nachbarin angezogen, unterwegs aber vom Hustenstoß eines Gegenübers
erfaßt und zum Gepäcknetz emporgetrieben, wo er sich in
den Maschen verfing und zerging. Es war ein idealer Kringel gewesen, von untadeligem Rund, fett und kräftig
durchgebildet, das gesunde Kind einer Wochenendzigarre,
so daß ich dem müden Abteil hätte zurufen mögen: Seht
doch, seht! Aber dafür war die Erscheinung zu flüchtig und
allzu nichtig wohl auch, wenn man sich nichts weiter dabei denkt.«

Der Rest ist Asche

Der Höhepunkt des Festes ist längst überschritten. Alles
Weitere könnte uns melancholisch stimmen, denn unaufhaltsam, von Zug zu Zug, nähern wir uns dem Ende des
Genusses, sehen alle Pracht in Rauch und Asche vergehen.
Und trotzdem, welche Asche wird mit solcher Andacht,
mit solchem Stolz, so gewissenhaft, so prüfend betrachtet
wie die Asche einer Zigarre, solange sie noch scheinbar fest
am Tabak haftet?

Ich rauche soeben eine vorzügliche Brasil, eine Bella

Bahiana der Zigarrenfabrik Eloy da Silva, Bahia. Die Asche ist gleichmäßig hellgrau, sehr fest, ohne aber schwer zu sein; ihr Kegel ist wesentlich schlanker als die Zigarre. Jeder Zug läßt die Aschenstange um einen zarten Ring anwachsen, so daß sie aussieht wie eine Rolle Schweizer 5-Rappen-Stücke. Nach einer Länge von fast 6 cm bricht sie ab. Vielleicht hätte sie länger gehalten, wenn ich noch sorgsamer mit ihr umgegangen wäre.

Sie sehen also, verehrte Freunde, daß die Asche einer guten Zigarre keineswegs schneeweiß sein muß, wie immer wieder behauptet wird. Allerdings gibt es Tabaksorten, die von Natur aus eine kreideweiße Asche zurücklassen. Die weißeste, fast allzu weiße Asche stammt vom Mexikoblatt. Herrlich weiß ist auch der Borneo, der aber leicht abblättert und in winzigen »Schneeflocken« herabrieselt. Ebenso weiß ist der Vorstenlanden, dessen Asche mit silbrigen Körnchen übersät ist. Und was sonst noch schlohweiß erscheint, ist meistens chemisch präpariert. Seien Sie also vorsichtig, die Qualität einer Zigarre nach der Farbe ihrer Asche zu beurteilen. Die Helligkeit einer guten Zigarre weist auf die Bodenbeschaffenheit im Anbaugebiet des verwendeten Tabaks hin, auf seinen Gehalt an Mineralstoffen.

Anders ist es mit der Beschaffenheit der Asche. Hier kann ein Urteil über die Güte einer Zigarre schon eher angebracht sein. So läßt die auffallend feste Konstitution der Asche, insbesondere ein dünner, schwarzer Ring zwischen Asche und Zigarre, auf einen guten Tabak schließen sowie auf eine sorgfältige Fertigung der Zigarre. Besteht der Ring aus einem schwärzlichen Band mit Blasen, so wurde der Tabak nicht ordnungsgemäß fermentiert, was heute aber selten vorkommt.

Gelegentlich offenbart sich beim Rauchen meine Spielernatur. Dann lasse ich die Asche so lange an der Zigarre, bis sie von allein abfällt. Das hat mir schon manchen Ärger mit der Hausfrau eingebracht, denn helle Asche auf einem dunklen Afghan sieht wirklich nicht sehr attraktiv aus, auch wenn sie von einer guten Zigarre stammt.

Aber allzu eilig sollte man es mit dem Ascheabklopfen auch wieder nicht haben, denn die Asche schützt die Glut und erwärmt die angesogene Luft. Wenn ich genau hinsehe, bemerke ich am äußersten Ende des Aschenzylinders eine leichte Gelbfärbung, ein Zeichen dafür, daß die Asche Nikotin bindet und damit meiner Gesundheit dient. Und schließlich bin ich ein Ästhet, der davor zurückschreckt, die meisterhafte Figur seiner Zigarre vorzeitig zu zerstören.

Um jedoch unnötigem Ärger mit der Hausfrau aus dem Wege zu gehen, sollten wir uns doch rechtzeitig entschließen, die Asche mit leichter Hand abzuklopfen – über einem Aschenbecher selbstverständlich. Streifen Sie die Asche niemals ab, denn dadurch könnte die Glut der Zigarre beschädigt werden, was wiederum einen falschen Abbrand zur Folge hätte. Auch rate ich Ihnen nicht, die Asche mit dem kleinen Finger abzubrechen, denn auf diese Weise hat sich wie oben erwähnt, schon mancher den Finger verbrannt. Longfiller (Langblatt-Einlagen) halten die Asche besser als Shortfiller, bei denen die Asche schneller abfällt.

Haben Sie überhaupt einen ordentlichen Zigarrenascher? Ein großes, kräftiges Gefäß, in das die Asche von mindestens zehn, zwölf Zigarren hineinpaßt? Das einen breiten Rand oder – besser noch – breite Ablagerillen hat, damit die Zigarre gut aufliegt und das Brandende frei in die Luft ragt? Wenn nicht, so besorgen Sie sich schnellstens einen, am besten einen aus Zinn, denn er sieht recht solide aus und geht beim täglichen Abwasch nicht so leicht entzwei. Oder aus Sterlingsilber, wenn der Preis keine Rolle spielt. Auch Zigarrenascher aus Bleikristall, farbigem Muranoglas, Porzellan oder Keramik, aus Stein oder Holz, Messing oder Kupfer leisten gute Dienste, wenn sie über genügend große Ablagemöglichkeiten verfügen.

Je kürzer die Zigarre wird, desto mehr verliert sie an Aroma und Geschmack und desto mehr gewinnt sie an Schwere. Das in der Glutzone verdampfte Nikotin kühlt sich auf dem Weg zum Mundstück wieder ab und schlägt sich im hinteren Teil der Zigarre nieder. So nimmt die Konzentration an Nikotin zum Mundstück hin immer mehr zu. Und immer mehr Nikotin gelangt in den Rauchstrom. Diesen Vorgang nennen die Fachleute »Nikotinschub«.

Wissenschaftler haben diesen Nikotinschub gemessen. Er ist so gewaltig, daß man sich doch ernsthaft entschließen sollte, die Zigarre künftig nicht mehr bis zum kleinsten Stummel aufzurauchen. Man wählte eine Normalzigarre von 12 cm Länge, eine Corona mittlerer Schwere, und maß die Nikotinmenge, die der Raucher in den Mund bekommt. Nach 4 cm Abbrand hatte er erst 0,2 mg Nikotin aufgenommen, nach 6 cm Abbrand waren es 0,5 mg, nach 8 cm 1,2 mg, nach 9 cm bereits 1,9 mg, nach 10 cm 2,8 mg und nach 11 cm Abbrand immerhin insgesamt 4,3 mg. Sie sehen daraus, daß der Nikotinschub bedenklich zunimmt, sobald Sie zwei Drittel Ihrer Zigarre aufgeraucht haben. Ein dreiviertellanger Genuß sei Ihnen vielleicht noch verziehen, denn eine Dosis von 1,9 mg Nikotin ist gesundheitlich noch vertretbar. Aber was danach kommt, grenzt an Selbstmord.

Dennoch gibt es Leute, die mit einem Nikotinkonsum von 4 mg nicht zufrieden sind und so lange weiterrauchen, bis ihnen der Stummel die Lippen versengt. Dann nehmen sie einen Zahnstocher, spießen den Stummel auf und paffen weiter. Ich kenne einen Staatsanwalt, der ein gerissener Fuchs auf diesem makabren Gebiet ist. Sobald ihm die Lippen zu schmoren beginnen, holt er eine kurze Pfeife hervor, stopft den Stummel hinein und schmaucht mit grimmigem Gesicht weiter, bis der letzte Tabakrest zu Rauch und Asche geworden ist. Neulich feierte er seinen achtundachtzigsten Geburtstag ...

Das Fest des Rauchens zu beenden, die Zigarre in den Ascher zu legen ist in der Tat ein harter Entschluß. Fühlt man sich doch hernach wie ein Krieger ohne Schild, wie ein Krebs ohne Panzer, schutzlos den Unbilden des Lebens ausgesetzt. Ist das vielleicht der Grund, weshalb so viele Wackere das unvermeidbare Ende so lange wie möglich hinauszuzögern suchen?

Die Gastrosophen sagen, man solle mit dem Essen aufhören, wenn es am besten schmeckt. Würden wir diese Regel auf das Rauchen übertragen, so müßten wir unsere gute Zigarre sofort nach den ersten Zügen weglegen, wie das weiland der König Montezuma zu tun pflegte. Das aber wäre Verschwendung.

Einigen wir uns also darauf, die Zigarre dann zu beenden, wenn sie anfängt schwer zu werden, wenn sie, wie schon gesagt, nur noch ein Drittel bis ein Viertel ihrer ursprünglichen Länge hat. Und es wäre äußerst taktlos, den Rest der geliebten Zigarre, die uns eine knappe Stunde köstlichen Behagens geschenkt hat, mit sadistischer Grausamkeit im Ascher zu zerquetschen. Legen wir den jammervollen Rest mit Gefühlen tiefer Dankbarkeit in den Aschenbecher; die Glut erlischt ganz von allein.

Deckel einer Zigarrenkiste

»Geistige« und »ungeistige« Begleiter

Große Zigarrenraucher erwähnen oft die sensorische Dreiheit von »café, copa und puro«, von starkem Kaffee, einem Glas Cognac oder Brandy (span. copa) und einer guten Zigarre (span. puro). So wird die Zigarre zum krönenden Abschluß eines Diners. Aber auch ein schöner Abend, sogar ein erfolgreicher Vormittag, eigentlich jede Tages- und Nachtzeit, lassen sich durch eine Zigarre und ihre anregenden Begleiter auf angenehme Weise bereichern.

Als »ungeistiger« Begleiter kommt wohl nahezu allein der Kaffee in Betracht, so wie der Tee zur Pfeife paßt. Der Qualität der Zigarre sei auch die Qualität des Kaffees angemessen, denn Kaffee ist – was wohl jedermann weiß – nicht immer gleich Kaffee, wenn sich auch über Geschmack nicht streiten läßt.

Am größten und schönsten ist die Auswahl bei den »geistigen« Begleitern. Cognac nannte ich schon, und so verwundert es nicht, daß sich einige Cognac-Marken unmittelbar an den Zigarrenraucher und an die Zigarrenraucherin wenden, wie z. B. Hennessy mit seinem »Davidoff Classic« und Thomas Hine mit der »Cigar Reserve«. Neben dem Cognac ist auch alter Armagnac überaus beliebt oder andere gepflegte Weinbrände, wie der spanische »Conde de Osborne«, der »Veterano«, der »Magno« und der deutsche »Asbach Uralt«.

Schon Sir Francis Drake (um 1540 – 1596), der Pirat der englischen Königin Elisabeth I., der mehrmals Kuba überfiel, soll zu seinen Zigarren auch Rum getrunken haben, richtiger wohl einen Vorgänger des Rums, den die englischen Freibeuter »devil killer« (Teufelstöter) nannten. Erst um 1878, als mit den ersten wirklich vollkommenen Habanos auch der erste weltberühmte Rum »Havanna Club« gebrannt wurde, begann die Ära des Melasse-Branntweins. Heute unterscheiden die Genießer den »Havanna Club Silver Dry« in den Alterssorten 3, 5 und 7 años. Auch in den anderen Karibikstaaten weiß man das edle

Zuckerrohr-Destillat sehr zu schätzen: Auf Jamaika die Marken »Captain Morgan Black Label« und »Lamb's Navy Rum«, in Venezuela »Cacique«, auf Trinidad »Pusser's British Navy« und auf Martinique »Saint James Hors d'Age«. Originalrum ist immer wasserhell, wenn man ihn nicht durch entsprechende Faßlagerung oder durch Zuckercouleurzusatz bräunt.

Fünf Jahre vor der Erfindung des »Havanna Club«, 1873, kamen die ersten Fässer mit Tequila in die USA. Der »Geist der Azteken« entwickelte sich zu einem beliebten Begleiter der Zigarre. Doch nicht die mexikanischen Ureinwohner waren die Erfinder des Tequila, sondern spanische Eroberer, die aus dem süßen Harz einer bestimmten Agavenart den »Mezcal« brannten, der im 19. Jahrhundert den Namen seines Ursprungsstädtchens »Tequila« übernahm. Lassen Sie sich nicht vom »Wurm in der Flasche« schrecken, jenem liebenswerten, doch etwas ekligen Tierchen, das die Destillateure in vielen Flaschen Agavenbrand ertränken, um so das Aroma zu veredeln. Verzichten Sie auf diesen Wurm, der keineswegs ein Zeichen guter Marken ist, und verzichten Sie auch auf das angeblich uralte »Salz-und-Limone-Ritual«. Aber wählen Sie einen edlen Brand, einen »Jose Cuervo Añejo«, einen »Cuervo Especial«, »Olmeca Añejo« oder »Don Julio Aged«, einen klaren bis goldflirrenden herb-fruchtigen Agavengeist.

Auch ein guter Wein begleitet würdig die Premiumzigarre. Aber fragen Sie mich nicht, welcher Wein zu welcher Zigarre paßt. Darüber ist schon so viel Gegensätzliches geredet und geschrieben worden, daß man lieber seinem eigenen Geschmack folgen sollte. Es gibt zum Beispiel die

Ansicht, daß man zur Zigarre keinen Bordeaux, auch keinen Sherry reichen sollte, daß allein ein Ruster Ausbruch zur Habano passe. Das ist alles Unsinn! Sie können trinken, was sie mögen, nur harmonisiert naturgemäß eine feine Beerenauslese besser zu einer edlen Karibikzigarre als ein schlichter Landwein, der vielleicht einen Stumpen begleiten könnte. Mancher bevorzugt vielleicht ein süffiges Hofbräu als »geistigen« Begleiter auch kostbarer Importen, oder ein Glas Pommery-Champagner oder ein Gläschen »Old Tawny Port« oder ... oder ... Auch Whisky oder Whiskey, ob Scotch, Irish oder Bourbon, darf in unserer Aufzählung nicht fehlen. Und wer Alkoholisches nicht verträgt, greift eben zu einem »Selters« oder »Apollinaris«. Jeder wie er will.

»Erst nach einer Havanna kann der Gastgeber,
der seine Freunde bewirtet hat, mit Horaz sagen:
Ich habe ein Denkmal gesetzt,
das dauerhafter ist als Erz.«
Maurice des Ombiaux

Accessoires für Zigarrenfreunde

Hier folgen nun einige kleinere und größere Geräte, die zum Rauchen von Zigarren erforderlich oder zumindest nützlich sind. Der Aficionado bzw. die Aficionada läßt sich das eine oder andere dieser Geräte – man kann nie genug davon haben – am besten von guten Freunden schenken, obwohl mir bewußt ist, daß es kaum etwas Schwierigeres auf der Welt geben dürfte, als für einen eingefleischten Zigarrenraucher ein sinnvolles Accessoire zu kaufen. Ein wirklich fachmännischer Berater ist da schon vonnöten, wenn man die Auswahl nicht doch lieber dem Connaisseur bzw. der Connaisseuse selbst überläßt. Zigarrerauchende Männer sind besonders eigen, wenn es um ihr Handwerkszeug geht. Sie freuen sich keineswegs über jede Apparatur, und sei sie noch so zweckmäßig, es müßte schon etwas ganz Besonderes daran sein. Frauen sind da großzügiger: Sieht das Gerät hübsch aus und läßt es sich kinderleicht bedienen und besteht es gar aus einem kostbaren Material, so spielt die praktische Verwendbarkeit nur eine sekundäre Rolle.

Eines der ganz wichtigen Instrumente ist der Zigarrenabschneider (Cigar's Cutter), der in seiner einfachsten Form ein kleines, aber sehr scharfes Taschenmesser aus Edelstahl ist. US-Amerikaner – so sagt man – und gelegentlich auch Kubaner beißen ihre Zigarren grundsätzlich mit den Zähnen auf. Mir erscheint das wenig ästhetisch, zumal der abgebissene Tabak dann auch noch auf den Teppich gespuckt wird. Besser als ein Taschenmesser ist zweifellos eine Zigarrenguillotine, womöglich eine mit zwei superscharfen Messern für verschiedene Zigarrenformate. Sie ist das ideale Gerät für echte Habanos (Havannazigarren). Viele Raucher schwören auch auf kleine Zigarrenscheren. Brasil- und Sumatrazigarren werden meistens mit einem Kerbschnitt geöffnet, wofür es spezielle keilförmige Zigarrenschneider gibt. Eine Besonderheit sind die Zigarrenfräsen, die vom runden Mundstück aus ein tiefes Loch in die Zigarre bohren oder richtiger gesagt fräsen. Ein solches Gerät, z. B. einen »Cigadrill«, setzt man auf den Kopf der Zigarre und läßt die Fräse aus Chirurgenstahl die Zigarrenspitze abdrehen. Nach Zurückdrehen der Fräse wird der herausgefräste Tabak einfach aus dem Gerät geklopft. Alle diese Zigarrenabschneider gibt es relativ preiswert in gutem, manchmal gebürstetem Stahl, aber auch in 925er Sterlingsilber sowie aus Edelstahl mit Vergoldung.

Zigarrenspitze

Ohne Feuer brennt keine Zigarre. Sicherlich ist es möglich, mit Hilfe einer Lupe Sonnenlicht auf das Brandende der Zigarre zu konzentrieren, aber wir sind ja zivilisierte Menschen und verwenden ein Feuerzeug. Ob Sie nun ein durch aufgebürsteten Chinalack tiefschwarzes oder silbernes, ein vergoldetes oder titanenes Gasfeuerzeug wählen (Benzinfeuerzeuge sind, wie auf Seite 119 begründet, ungeeignet), ist für den Zweck belanglos. Das Feuerzeug »Old Boy« aus satiniertem Chrom kostet z. B. um die 140 Mark, das glitzernde »Pointes Diamant« von Cartier schon etwa 625 Mark, das Tischfeuerzeug von Jero kommt immerhin auf stolze 3600 Mark. Total up to date sind spezielle »Cigar Lighters«.

Natürlich tun auch Streichhölzer ihr Bestes, die gute Davidoff Special T zu entflammen, vielleicht noch besser als jedes Gasfeuerzeug. Streichhölzer entnimmt der Aficionado der Streichholzschachtel oder dem Streichholzheftchen, die sich gelegentlich in kostbaren Hüllen aus Edelmetall oder Gazellenleder verstecken. Riesenstreichhölzer wirken oft schon etwas versnobt. Besser verwenden wir einen Fidibus, nicht einen aus Papier, sondern einen aus Zedernholz, den man am Kaminfeuer oder an einer Kerze entzündet und der sein unvergleichliches Aroma mit dem des Tabaks verbindet.

Ohne Aschenbecher bereitet das Rauchen wenig Freude. Weder der Rand der Untertasse zum Teeglas noch eine munter blühende Zimmerpflanze sind der rechte Ort, die Asche der geliebten Zigarre zu deponieren. Einen vernünftigen Aschenbecher sollte schon jeder tolerante Nichtraucher für seine Gäste bereitstellen. Am besten einen

Zigarrenaschenbecher mit großen Ablagen für pausierende Zigarren. Zigarettenraucher verweisen Sie ohnehin auf die Terrasse. Solche speziellen Zigarrenaschenbecher bestehen meistens aus Edelstahl oder Silber, besitzen oft einen Korpus aus edlem Hartholz. Auch Ascher aus Zinn, Kupfer, Messing, Marmor, Porzellan oder Kristallglas sind sehr beliebt und – was nicht ganz unwichtig ist – besonders pflegeleicht. Überaus praktisch ist der handliche Ein-Zigarren-Ascher »Smoke One« aus poliertem Aluminium, den man bequem in der Jacken- oder Handtasche mit sich führen kann, so daß man niemals seine Gastgeber in Verlegenheit bringt.

Um ein paar seiner Lieblinge stets bei sich zu haben, sorgen Zigarrenetuis aus Ziegenleder mit Metallrahmen oder Bruyèreholz mit Zedernholzeinsatz, auch aus gepolstertem Segeltuch mit eingesetzten Silbergravuren für eine sichere Aufbewahrung. Für ein bis zwei Zigarren empfehlen sich sogenannte Tubidore, das sind Zigarrenröhren, oft aus italienischem Wurzelholz oder Florentiner Rindsleder, aus Glas oder Aluminium mit Zedernholzauskleidung. In einem Tubidor – egal ob er im Handschuhfach eines Autos durch die Lande reist, die Handtasche einer Dame füllt oder den Aktenkoffer eines gehetzten Managers bereichert – halten sich Zigarren mindestens drei bis fünf Tage lang frisch.

Verehrer guter Zigarren können gar nicht genug Humidore haben, um ihre braunen Freunde fach- und klimagerecht aufzubewahren. Humidore sind jene mehr oder weniger großen Klimakammern, in denen gute Zigarren oft noch jahrelang weiterreifen können, wie guter Wein in einem Weinkeller. Natürlich brauchen Ihre persönlichen Humidore nicht unbedingt begehbar zu sein, wie die Humidore Ihres Zigarrenhändlers. Ideal sind zwei oder gar drei Humidore für jeweils 20 bis 60, womöglich gar 80 bis 200 Zigarren. Solche Humidore sind einfach bis hochwertig ausgestattet; mit Schwämmchen oder mit vollautomatischer Klimatisierung. Innen verkleidet duftendes Zedernholz die Wände, außen schmücken Wurzelholz-Intarsien oder hübsch bemalte Keramik den Zigarren-Tresor. Solche Schmuckstücke kosten zwischen 800 und 6 800 Mark und mehr. Damit der Zigarrenfreund den Humidor nicht ständig öffnen muß, um den Bestand zu prüfen, haben manche Humidore einen Deckel aus klarem oder rauchfarbenem Acryl.

Schließlich seien noch die Zigarrenspitzen erwähnt, die manch ängstliches Gemüt zwischen sich und die gute Zigarre schaltet. Besitzen solche Spitzen einen Filter aus Aktivkohle, Kieselgel oder Meerschaum, kann man ihnen einen gewissen Nutzen nicht absprechen, denn Filter reduzieren Nikotin und Kondensat. Sie mindern aber meist auch den Geschmack, worüber sich Fachleute allerdings noch immer heftig streiten. Wer eine wirklich gute Zigarre raucht, sie hingebungsvoll genießt, wird eine Zigarrenspitze nicht nötig haben, es sei denn – zum Kokettieren. Hübsch sehen sie ja meistens auch aus, die Zigarrenspitzen aus Acryl, Edelholz, aus ziseliertem Silber oder gar Gold. Die wundervoll geschnitzten Exemplare aus Elfenbein, Schildpatt, Horn oder Bernstein, die im 19. Jahrhundert sehr beliebt waren, sind heute aus Gründen des Naturschutzes wie aus anderen Gründen fast ganz verschwunden.

Echte Aficionados und Aficionadas brauchen sie nicht mehr, denn sie halten sich an die Worte Zino Davidoffs, des großen Zigarrenfabrikanten, die ich immer wieder gerne wiederhole: »Rauchen Sie weniger, dafür besser!« Denn: Man raucht keine Zigarre, man gönnt sie sich.

> *»Jeder Zigarrenraucher ist ein Freund, denn ich weiß,*
> *was er empfindet.«*
> *Alfred de Musset (1810 – 1857),*
> *Dichter*

... denn Zigarren raucht nicht nur der Mann

Früher war Zigarrenrauchen ein typisch männliches Pläsier, doch »wie bezaubernd wirkt eine peruanische Dame, wenn sie, in ihrer reichgewebten Basthängematte zwischen Orangenbäumen schwingend, den Duft einer köstlichen Zigarre einsaugt«. Das schrieb Herman Melville (1819 – 1891), der Autor des berühmten ›Moby Dick‹. In einem altdeutschen Anstandsbuch dagegen lesen wir: »Der Tobak genieret die Frauenzimmer und däucht ihnen ein gar grauslich Gelüft.« Was für eine Unterstellung von Seiten des Mannes! Als nämlich die Tabakspfeife im 17. Jahrhundert nach Holland kam, waren es nicht nur die Männer, die sich diese neue Sitte zu eigen machten, sondern vor allem die Frauen. Die Gemälde der niederländischen Meister beweisen es, daß die grazile Tonpfeife den anmutigen Holländerinnen ganz ausgezeichnet zu Gesicht stand.

Doch was die Mijnheers ihren Damen gönnten, das erlaubten die auf »Anstand und Zucht« bedachten Deutschen ihren Frauen noch lange nicht. »Man findet Frauen«, schimpfte einer im Jahre 1658, »die sich sogar die Pipe ansetzen und ihren glatten Mäulern mit dem Tabaksrauch einen Bart anschmutzen.« Das Tabakschnupfen der Frauen duldeten die Männer schon eher, denn es war mit seinem graziösen Zeremoniell den hübschen Damen des Rokoko geradezu auf das reizende Näschen geschnitten. Das Rauchen von Zigarren aber sollte in Europa noch für lange Zeit ein Privileg des Mannes bleiben.

Erst im 19. Jahrhundert änderte sich dies: Die Zigarre war ein Attribut der Männerwelt geworden. Doch allmählich begannen die Frauen, gegen die Herrschaft des Mannes zu revoltieren. Mit weiblicher Raffinesse entdeckten sie seine Achillesferse. Sie griffen nach der Zigarre, dem unübersehbaren (phallusähnlichen) Zeichen der Männlichkeit und erhoben das männliche Attribut zum Symbol ihrer Emanzipation. In Frankreich schockierten geistreiche Frauen wie die Baronin Dupin-Dudevant, bekannt als George Sand, durch ihr betont männliches Verhalten. »Sie schriftstellern in frivolster Weise, eignen sich die Rechte der Männer an und rauchen dazu ganz wohlgemut ihre Zigarre«, heißt es in einem zeitgenössischen Bericht. – In England zogen die Frauen Zigarre rauchend auf die Straßen und ließen sich lieber von der sittenstrengen Polizei verhaften, als daß sie von ihren Provokationen gelassen hätten. – In Deutschland kam es sogar vor, daß eine elegante Dame einen Herrn auf offener Straße anhielt, um sich Feuer für Ihre Zigarre zu erbitten. Was manchen Mann schockiert haben soll.

Arme Zigarre! Diente sie wirklich allein dem Genuß, oder war sie nur Mittel zum Zweck im Machtkampf der Geschlechter? Zum Glück können wir diese Frage unbeantwortet lassen, denn schon hatte sich die Damenwelt der gerade in Mode kommenden Zigarette bemächtigt, mit der es sich weniger strapaziös für die Gleichberechtigung kämpfen ließ.

Doch seit den unlängst verflossenen 80er Jahren lassen

sich bemerkenswerte Veränderungen registrieren. Während im Gegensatz zu unseren Breiten – in Kolumbien, Peru, Mexiko, auf Jamaika und auf Kuba – die Frauen seit eh und je völlig gleichberechtigt mit den Männern ihre Tabacos rauchen, auch in den skandinavischen Ländern, vor allem in Dänemark und Schweden, die Damenwelt würzige Zigarren, meist in langen, schlanken Fassons, genießt, blieben die Mitteleuropäerinnen bei ihren Zigaretten, wenn sie nicht – wie in Nordamerika zunehmend üblich – allmählich in das Lager der fanatisierten Nichtraucherinnen wechselten. Besonders in den USA begann sich nämlich die Menschheit in zwei Lager, in Raucher und Antiraucher, zu spalten, die sich auf das Heftigste bekämpften. Daß das nervöse Inhalieren von Zigaretten die Gesundheit zu schädigen vermag, bezweifelt heute niemand mehr. Doch zwangsläufig gerieten auch die Aficionados guter Zigarren in den Kreis der Beschimpfungen, Verleumdungen und Verboten. Sie waren sich jedoch bewußt, daß Zigarren einen anderen, weit weniger gefährlichen Rauch entwickeln als Zigaretten, daß man Zigarren genießt, nicht konsumiert, und blieben ihren geliebten Braunen treu. Und da man gerade in den Vereinigten Staaten wie in kaum einem anderen Lande die persönliche Freiheit schätzt, griffen dort immer mehr Persönlichkeiten des öffentlichen Interesses zur Zigarre und traten mit ihr in das Rampenlicht der Medien: Filmstars, Schriftsteller, Maler, Regisseure, Manager, Bankiers, Politiker. Immer mehr Frauen stellten sich an die Seite der Männer. Und die Welle der Zigarre rauchenden Amerikanerinnen schwappte nach Europa, nach Deutschland und nach Österreich. Hier rauchen vie-

Un Cigarre entre deux Contre‑danses.

le erfolgreiche Frauen heute Zigarre, elegante Habanos oder Domingos, voller Anmut und Grazie übrigens, ohne ihr Geschlecht auch nur im geringsten zu verleugnen ...

... denn Zigarren raucht nicht nur der Mann.

> *»Cigarren sind die perfekte Ergänzung*
> *eines eleganten Lebensstils.«*
> *George Sand (1804 – 1876),*
> *Schriftstellerin und Frauenrechtlerin*

Kleines Glossar

Aficionada, Aficionado (span.: Liebhaberin, Liebhaber), Bezeichnung für den Zigarren-Gourmet, für Kenner und Genießer guter Zigarren.

Alicantehalm, Halm des mediterranen Espartograses, welcher der dünnen, zerbrechlichen → Virginierzigarre ein »Rückgrat« gibt.

André, Arnold, bekannter Zigarrenhersteller im ostwestfälischen Bünde; seine Firma gehört heute zu einer schwedisch-niederländischen Unternehmensgruppe.

Arnolds, bekanntes Zigarrengeschäft in New York, Madison Avenue.

Aylesbury, John, ein Zusammenschluß von namhaften deutschen Tabakhändlern, die hervorragende Zigarren aus aller Welt unter dem Namen »John Aylesbury« anbieten.

Banda volado (span.: fliegendes Band), ein besonders schnell brennender Umblattabak.

Bandtabak, → homogenisierter Tabak.

Bauchbinde, Zigarrenring aus farbig bedrucktem Papier, der die Zigarre am Kopfende schmückend umschließt. Als Erfinder dieses hübschen Attributes gilt der niederländische Zigarrenhändler Gustav Bock, der ab 1850 mit seinen prächtigen Bauchbinden und mit traumhaften Plakaten den Siegeszug der Zigarre unterstützte.

Belicoso (span.: kriegerisch), eine aggressiv wirkende, dicke Zigarre (meist Ringmaß 52 = 20,7 mm) mit geformtem Kopf.

Bezoeki, hervorragender javanischer Tabak.

Binder, → Umblatt.

Bolivar, eine der großen Marken für Havannazigarren, benannt nach dem venezolanischen Freiheitskämpfer und Staatsmann Simón Bolívar (1783 – 1830).

Brandende, das Ende der Zigarre, an dem sie angezündet wird (Gegensatz: Kopf). Das Brandende kann je nach Zigarrenfasson geschlossen oder offen (abgeschnitten) sein.

Brasilzigarren, Zigarren, die vorwiegend aus brasilianischen Tabaken hergestellt werden. Große Namen sind z. B. »Aldeira«, »Esperanca«, »Isabel«, »Zuzuca«.

Breva (span.: breve = kurz), der →
Corona ähnliches Zigarrenformat, nur etwas schlanker und
kürzer mit leicht spitzem Kopf.

Bünder Zigarre, eine der größten
Zigarren der Welt, 1937 von vier
Bünder Zigarrenmachern herge-
stellt. Sie ist 1,60 m lang, 9 kg
schwer, besteht vollkommen aus
Tabak und würde, wenn man sie
rauchte, 600 Stunden brennen.
Die Zigarre befindet sich im
Deutschen Tabak- und Zigarren-
museum zu Bünde bei Herford
(Westfalen).

Burro (span.: Esel) werden die Ta-
bakhaufen genannt, in denen die
Tabakblätter fermentieren.

Capa (span.: Umhang), → Deckblatt der Zigarre.

Capota (span.: Verdeck), → Umblatt der Zigarre.

Cazadores (span.: Jäger), Zigarrentyp, in seiner Form der → Lonsdale ähnlich, besonders aromatisch, auch stark, mit dunklem
Deckblatt.

Chaveta, Chavete (span.: Bolzen),
auch »Kubanisches Messer« genannt, Messer mit Rundklinge
zum Zurechtschneiden der Ta-
bak-Deckblätter vor dem Rollen
der Zigarren.

Chico (span.: klein), kleine Zigarre, 60 bis 120 mm lang, mit 13
mm Durchmesser und offenem
Kopf.

Churchill, nach dem großen britischen Zigarrenraucher Sir Winston Churchill (1874 – 1965) be-
nanntes Zigarrenformat, das zu
den längsten und dicksten zählt
und nur von der Doppel-Corona
und der Gran Corona übertroffen
wird. Zigarren der Churchill-Fas-
son sind zwischen 170 mm und
178 mm lang und zwischen 17,1
mm (Ringmaß 43) und 18,7 mm
(Ringmaß 47) dick.

Cigar Smoking Event, auch »Gen-
tleman's Smoker« oder kurz
»Smoker« genannt, Treffen von
Zigarrenrauchern jeglicher Cou-
leur aus Anlaß einer Zigarrenpro-
be, eines festlichen Diners, einer
Branntwein , Cognac oder
Weinverkostung oder auch ohne
jeden besonderen Anlaß. Zu solchen Treffen laden meist renom-
mierte Restaurants in den USA,
in Deutschland, Österreich und
in der Schweiz ein.

Claro (span.: hell, gelb, rein, natürlich), Farbbezeichnung für Zigarrentabak (tabakgelb).

Claro claro, Farbbezeichnung für
Zigarrentabak (tabakblond).

Cohiba (in der Sprache der Karibik-
Ureinwohner: Zigarre), die zweifellos beste Zigarre der Welt, die
erste rein kubanische Zigarre unter Kubanischer Regie, von Fidel
Castro angeregt, von Avelino La-
ra 1966 kreiert, anfangs nur
Staatsgästen vorbehalten, seit

1982 auch auf dem internationalen Markt (4 % des Zigarrenexports von Kuba). Sie besteht aus den besten Vuelta-Abajo-Tabaken, wird von den erfahrensten Zigarrenrollern handgefertigt und enthält wenig Nikotin und Teerstoffe.

Colorado (span.: farbig), Farbbezeichnung für Zigarrentabak (mittelbraun).

Colorado claro, Farbbezeichnung für Zigarrentabak (hellbraun).

Connaisseur (frz.: Kenner, Sachverständiger, Feinschmecker), viel gebrauchte Bezeichnung auch für Raucher guter Zigarren.

Connecticuttabak eignet sich wegen seines makellosen Aussehens und seiner geringen Zerbrechlichkeit hervorragend als Zigarren-Deckblatt. »Connecticut Broadleaf« besitzt extrabreite Blätter; »Connecticut Shade« wird unter Schattendächern gezogen und erhält dadurch ein besonders helles, zartädriges Blattwerk.

Corona (span.: Krone), das bekannteste, beliebteste und gebräuchlichste Zigarrenformat (Königsformat), meistens 5 1/2 englische Zoll (inch) = 140 mm lang bei gleichmäßigem Ringmaß 42 (16,7 mm), mit geschlossenem Kopf und offenem Brandende. Von der Corona leiten sich die Formate »Half Corona« (z. B. 103 mm lang bei 16 mm Durch-

messer), »Kleine Corona« oder »Petit Corona« (z. B. 126 mm lang bei 15 mm Durchmesser), »Corona grande« (z. B. 153 mm lang bei 16 mm Durchmesser), »Doppel Corona« oder »Double Corona«, (z. B. 182 mm lang bei 20 mm Durchmesser), »Gran Corona« oder »Corona gigante« (z. B. 235 mm lang bei 18,7 mm Durchmesser) und manche andere ab. Coronas können sehr leicht, aber auch sehr stark sein. Als »Corona« werden auch die obersten Blätter der Tabakpflanze bezeichnet. Sie haben besonders viel Sonne bekommen, sind daher ölig und werden hauptsächlich als Einlageblätter verwendet.

Cortado (span.: zugeschnitten), Format von Brasil- und Manilazigarren, deren Brandende keulenförmig verdickt ist.

Corte caracol (span.: Schneckenschnitt). Beim Zuschneiden des Deckblatts läßt der Zigarrenmacher ein rundliches Stück des Blattes stehen, aus dem er dann beim Rollen den Kopf formt und mit natürlichem Leim verklebt.

Culebra (span.: Schlange), Format dünner Zigarren, die – solange sie noch feucht sind – meist zu dritt zusammengeflochten werden. In Deutschland werden die Culebras gern als »Krumme Hunde« bezeichnet.

Curly Head (engl.: gezwirbelter

Kopf), Zigarren, deren Kopf in zusammengedrehten Tabakblättern endet. Ursprünglich sahen so die Deputatzigarren der Zigarrenmacher aus, die sich das mühsame Formen des Kopfes ersparen wollten. Heute ist der »Curly Head« oft ein Kennzeichen guter, handgefertigter Zigarren.

Dannemann, Zigarrenhersteller, seit 1873 in Brasilien, heute in Deutschland.

Davidoff, Zino, einer der bedeutendsten und traditionsreichsten Zigarrenhersteller, Gründung der Firma 1945 auf Kuba, seit 1990 Firmensitz in der Dominikanischen Republik, Handelszentrale in der Schweiz.

Deckblatt, Decker, auch »Wrappen« genannt, das äußere Blatt der Zigarre, welches das → Umblatt zusammenhält und durch sein appetitliches Aussehen zum Genuß der Zigarre einlädt. Daher sollte das Deckblatt möglichst ohne Makel sein, keine Beschädigungen aufweisen, keine Flecken und hervorstehenden Adern zeigen. Deckblatt-Tabak ist der teuerste Bestandteil der Zigarre. Die Pflanzen hierzu wachsen – vor den Sonnenstrahlen geschützt – unter Tüllschleiern.

Demi-Tasse (frz.: halbe Tasse), kleines Zigarrenformat, 70 – 100 mm lang mit 12 bis 13 mm

Durchmesser. Auch »Young Lady« oder »Lady Finger« genannt, weil diese Zigarren gern von jungen Damen degustiert werden.

Docken, nach Größe, Farbe und Beschaffenheit sortierte und zu kleinen Gebinden vereinigte Tabakblätter.

Doppelcorona, Double Corona, zwischen 170 und 240 mm lang bei 19 bis 21 mm Durchmesser, gilt als die Königin unter den Zigarren, als das bevorzugte Objekt der Zigarren-Aficionados.

Dry Cigars (engl.: trockene Zigarren), die bei europäischen Rauchern noch immer sehr beliebten deutschen, niederländischen und schweizerischen Zigarren aus Sumatra-, Java- und Brasiltabaken.

Dunhill Aged Cigars, seit 1989 in der Dominikanischen Republik hergestellt. Die Firma ging aus der 1883 gegründeten weltweit bekannten Pfeifentabakfabrik Alfred Dunhill hervor.

Durchmesser der Zigarre, → Ringmaß.

Einlagetabak, der das Zigarreninnere füllende Tabak, er bildet naturgemäß den größten Teil der Zigarre und bestimmt somit am stärksten ihren Geschmack. Bei handgefertigten Zigarren besteht die Einlage meist aus ganzen Blatthälften, von denen die Mittelrippe per Hand oder Maschine entfernt wurde: Longfiller (Langblatt-Einlage). Maschinengefertigte Zigarren enthalten dagegen fast ausschließlich Shortfiller (Kurzblatt-Einlage), d. h. Einlagetabak aus gerissenen oder kleingehackten Tabakblättern, die die Maschine zu einem endlosen Strang vereinigt. Longfiller-Zigarren verlangen wenige, aber besonders erlesene Einlagetabake. Shortfiller-Zigarren können aus 50 und mehr verschiedenen Tabaken verschnitten werden und daher – wie Cognac oder Sekt – einen beständigen Geschmack bieten.

Elegantes, besonders schönes, elegantes Zigarrenformat von coronaähnlichem Körper mit vollendet geschwungenem Kopf und zusammengedrängtem Brandende.

El Laguito, eine der großen Marken für Havannazigarren.

Especiales, schlankes, elegantes Zigarrenformat, z. B. 192 mm lang bei 15 mm Durchmesser.

Fasson, Form oder Größe einer Zigarre. → Format.

Figurado (span.: figürlich), Formatbezeichnung für alle Zigarren, die eine untypische Fasson aufweisen, wie Culebra, Pyramido, Torpedo u. a.

Filipino, feinwürziger philippinischer Tabak.

Filler, → Einlagetabak.

Flathead (engl.: Plattkopf), Zigarre mit abgeplattetem Kopf.

Format, Fasson, Form und Größe einer Zigarre. Beispiele: Corona, Double Corona, Panatela, Robusto usw.

Fuente, Arturo, einer der großen Zigarrenhersteller in Spanien und auf Kuba, seit 1980 in der Dominikanischen Republik.

Guillotine, Bezeichnung für einen Zigarrenabschneider, für ein Gerät zum Abschneiden eines Teiles des geschlossenen Zigarrenkopfes. Im Handel befinden sich kleine Taschenguillotinen mit einfacher oder doppelter Schneide.

Habanos, → Havannazigarren.

handcrafted, handmade, handrolled, Bezeichnung für Zigarren, die handgemacht sind, d. h. vollständig von Hand gewickelt und gerollt wurden.

Havannazigarren, Zigarren, die auf Kuba ausschließlich aus kubanischen Tabaken hergestellt werden. Hier einige der größten Namen: »Bolivar«, »Cohiba«, »Hoyo de Monterrey«, »La Flor de Cano«, »La Gloria Cubana«, »Linea 1492«, »Montecristo«, »Partagas«, »Punch«, »Quintero«, »Romeo y Julieta«, »San Luis Rey«, »Upmann«.

HDL, homogenisierte Deckblätter,

vor allem für Zigarillos. → homogenisierter Tabak.

hecho a mano (span.: handgemacht), → handcrafted.

holländischer Typ, auch »europäischer Typ«, »trockene Zigarren« kleineren Formats aus Sumatra-, Java- oder Brasiltabaken. Meist mit Kurzblatt-Einlage.

homogenisierter Tabak, künstlich hergestelltes Tabakblatt, meist als Umblatt, oft auch als Deckblatt einfacher maschinenhergestellter Zigarren. Pulverisierte Tabakreste werden mit Zellulosefasern und Wasser wie Papier zu langen Bahnen verarbeitet (Bandtabak, HTL).

HTL (Homogenized Tobacco Leaf), → homogenisierter Tabak.

Humidor, Klimakammer jeder Größe zur Aufbewahrung von Zigarren. Für die Reise empfehlen sich stoßsichere und wasserfeste »World Travellers«.

Importe, im Ausland hergestellte Zigarre; nur noch selten verwendeter Begriff.

Jahrgangszigarre, eine Super-Premiumzigarre, hergestellt aus den besten Tabaken eines besonders guten Jahrgangs. Mit großem Werbeaufwand angeboten. Auf Kuba sind Jahrgangszigarren nicht gebräuchlich.

Kentucky, nikotinreiche Tabakart, die in Norditalien zu schweren → Toscani verarbeitet wird.

Kielzigarren, lange, dünne Zigarren mit einem kleinen Plastikmundstück am Kopf.

Klavier, deutsche Bezeichnung für den Arbeitstisch der Zigarrenwickler.

Kopf, das Mundende der Zigarre, das vor dem Anrauchen angeschnitten, eingekerbt oder aufgebohrt wird, nicht das Brandende.

Krummer Hund, → Culebra.

Kurzblatt-Einlage, → Einlagetabak.

Lady Finger, → Demi-Tasse.

Lanceros, Zigarrenformat, meist 190 bis 192 mm lang bei 15,1 bis 16,3 mm Durchmesser.

Langblatt-Einlage, → Einlagetabak.

Linea 1492, eine der großen Marken für Havannazigarren.

Londres, Zigarrenfasson, eine kleine, zierliche Zigarre von coronaähnlichem Aussehen (von span.: Londres = London).

Longfiller, → Einlagetabak.

Lonsdale, schlankes, elegantes Zigarrenformat, 150 bis 170 mm lang mit 15,9 bis 16,7 mm Durchmesser, benannt nach dem britischen Earl of Lonsdale, der als ein großer Gourmet galt und nach dem Ersten Weltkrieg internationale Pferderennen und Segelregatten organisierte. Die erste Lonsdale erschien 1936, berühmt sind die »Bolivar Lonsdale« und die »Saint Luis Rey Lonsdale«, beide aus Kuba.

Maduro (span.: reif), Farbbezeichnung für Zigarrentabak (schwarzbraun). Nach diesem Farbton werden auch Zigarren benannt, deren in Mexiko gewachsenes Sumatra-Deckblatt mit Wasserdampf und Honig gedunkelt wurde.

Malotten, zusammengefaßte Tabakblattbündel (→ Docken).

Manila, Bezeichnung der auf den Philippinen handgemachten Zigarren, benannt nach der Hauptstadt der Inselrepublik.

Millar (span.: tausend), der → Regalia ähnliches Zigarrenformat, allerdings verjüngt sich hier auch das Brandende etwas.

Montecristo, eine der berühmtesten Marken für Havannazigarren; seit einigen Jahren wird die Montecristo auch in der Dominikanischen Republik produziert.

Nicot, Jean (1530 – 1600), Sieur de Villemain, französischer Diplomat und Gelehrter, lernte 1560 in Portugal die Tabakpflanze kennen und brachte sie nach Frankreich. Nach Jean Nicot wurde das Hauptalkaloid in den Blättern der Tabakpflanze benannt: Nicotiana tabacum, kurz: Nikotin.

Nikotin (Nicotiana tabacum), Hauptalkaloid der Tabakpflanze, sehr starkes Gift, denn die akut tödliche Dosis beträgt nur etwa 0,05 Gramm. Diese Dosis wird beim Rauchen von Tabakerzeugnissen bei weitem nicht erreicht, da nur ein Bruchteil des Nikotins in den Körper gelangt und dort sehr schnell abgebaut wird.

Panatela, schlankes, sehr elegantes Format für Zigarren unterschiedlicher Größe, besonders geschätzt von Damen jeden Alters. Ihre Maße reichen von 115 mm mal 9,9 mm (Panatela Fina) bis etwa 178 mm mal 13,1 mm (Gran Panatela).

Partagas, Name weltberühmter Zigarren, die vor über 150 Jahren auf Kuba von Don Jaime Partagas kreiert wurden. Nach der Revolution dann gründete der derzeitige Firmeneigentümer Ramon Cifuentes in der Dominikanischen Republik eine neue Produktionsstätte, in der die Partagas-Zigarren heute aus dominikanischen, jamaikanischen und mexikanischen Tabaken mit Kamerun-Deckblatt gemacht werden. Daneben liefert Kuba die altbewährten Partagas aus edlen Havannatabaken.

Perfecto, klassisches Zigarrenformat mit zylindrischem Körper und sich verjüngenden Enden, in verschiedenen Größen.

Perla, zierliches Zigarrenformat, z. B. 117 mm lang bei 10 mm Durchmesser.

Premiumzigarre, Spitzenzigarre, handgemacht mit Langblatt-Einlage.

Puro (span.: rein; Zigarre), eine Zigarre, deren sämtliche Bestandteile, also Einlage, Umblatt und Deckblatt, aus Tabaken eines einzigen Landes bestehen. Havannazigarren sind allesamt Puros.

Pyramide, Pyramido, Zigarrenformat im Aussehen eines langgestreckten Kegels. Am Kopf hat die Zigarre ein enges Ringmaß, das sich zum Brandende hin immer mehr weitet.

Regalia (span.: Hoheitsrecht), imposantes Zigarrenformat, dessen Kopf sich leicht verjüngt.

Ringmaß, Ringweite, die Dicke einer Zigarre. Die Ringmaßeinheit ist 1/64 Inch (1 Inch = 25,4 mm). Die üblichen Zigarren-Ringmaße reichen von 25 (= 9,9 mm) bis 52 (= 20,7 mm). Das angegebene Ringmaß gilt für frische handgemachte Zigarren, nicht für solche, die längere Zeit gelagert wurden und dabei leicht einen Schrumpfungsprozeß durchgemacht haben. Der Durchmesser maschinell gefertigter Zigarren wird heute vorwiegend in Millimetern angegeben.

Ritmeester, niederländische Zigarrenfabrik, die seit 1887 trockene Qualitätszigarren herstellt, die vor allem in Nordeuropa und in Südafrika viele Freunde haben.

Robusto, ein kurzes, dickes Zigarrenformat, etwa 115 bis 125 mm lang bei einem Durchmesser von 20 mm. Die Robusto bietet bei kurzer Rauchzeit (etwa 30 Minuten) ein Maximum an Geschmack und zählt daher heute zu den beliebtesten Zigarrenfassons.

Romeo y Julieta, eine der berühmtesten Havannazigarren, die seit 1875 in unveränderter Qualität auf den Markt kommen. Unter dem Namen des französischen Ministerpräsidenten Clemenceau wurde sie nach dem Ersten Weltkrieg zu Winston Churchills Lieblingszigarre, der ihrem Format schließlich auch seinen Namen gab. Nach Castros Machtübernahme auf Kuba stellten die Besitzer die Romeo y Julieta in Honduras, seit 1993 in der Dominikanischen Republik her. Daneben gibt es nach wie vor die einzigartigen originalen Romeo-y-Julieta-Zigarren aus Kuba.

Sandblatt, die großen Blätter aus dem unteren Drittel der Tabakpflanze, wegen ihrer Qualitäten besonders als Zigarrendecker geeignet. Begehrt ist das Sumatra-Sandblatt.

Sandwich-Einlage, Zigarreneinlage, die aus gehackten und ganzen Tabakblättern (Short- und Longfiller) besteht.

San Luis Rey ist der Markenname edler Zigarren und Zigarillos, die handgemacht aus Kuba kommen und maschinengefertigt in Deutschland bei der Firma Villiger entstehen.

Schimmelpenninck, niederländische Fabrik feiner Zigarren des → holländischen Typs, darunter so beliebter Zigarren wie die »Duet«, die »Grand Luxe«, die »Florina« und die »V.S.O.P. Corona De Luxe«.

Schuster, August, traditionsreiche Zigarrenfabrik im ostwestfälischen Bünde, eine der letzten noch bestehenden deutschen Zigarren-Manufakturen.

Schwergutzigarren, Zigarren aus nikotinreichen Tabaken, wie → Virginierzigarren und → Toscani.

Scrap Filler (engl.: Resteeinlage). Einlage von Billigzigarren aus gehackten Tabakresten, nicht mit Shortfiller zu verwechseln, der sich im allgemeinen aus edlen Tabaken verschiedener Provenienzen zusammensetzt.

Seronen, von Palmblattmatten oder Baumrinde umhüllte Tabakballen.

Shade (engl.: Schatten), Schattenreifung von Deckblatt-Tabaken unter Sonnenschutzabdeckungen, um ein optisch befriedigendes Blatt zu erhalten.

Sherman, Joel, bekanntes Zigarrengeschäft in New York, Fifth Avenue.

Shortfiller, → Einlagetabak.

Stumpen, die »Zigarre der Eidgenossen«, eine solide Rauchrolle aus Kentucky-, Java-, Brasil- und einheimischen Tabaken, nicht stark, doch aromatisch und würzig.

Sumatra-Sandblatt, das bodennah heranwachsende, besonders helle und makellos reine → Sandblatt des Sumatratabaks zählt zu den kostbarsten Zigarren-Deckblättern.

Tabacalera, Name der spanischen → Tabakregie.

Tabakbänder halten die Zigarren in größeren Kisten locker zusammen und erleichtern ihr Herausnehmen.

Tabakfolie, Bandtabak, → homogenisierter Tabak.

Tabakregie, staatliche Monopolverwaltung des Tabakanbaus und der Tabakverarbeitung in mehreren Ländern, wie Österreich, Frankreich.

Te-Amo, eine der großen Marken für Mexikozigarren.

Torcedor, Torcedora (span.: torcer = drehen), Zigarrenmacher(in).

Torpedo, Zigarrenformat, bei dem sich der Körper vom Kopfende allmählich weitet, um sich zum

Brandende ziemlich abrupt wieder zu verjüngen. Früher ein sehr beliebtes Format, aber in Handarbeit nur zeitaufwendig herzustellen.

Toscano, Nationalzigarre der Italiener, sehr dünn, leicht gekrümmt, schwarz und sehr stark, in der Provinz Toskana aus Kentuckytabak hergestellt.

Trabucillo, Zigarrenformat in der Gestalt eines Raubfisches, stromlinienförmig geschwungen, kraftvoll, elegant.

Trabuco (span.: Gewehr), dickbäuchiges Zigarrenformat mit spitzem Kopf und spitzem Brandende.

Trinidad, Name der zweiten vom kubanischen Staat herausgebrachten Zigarre (nach der weltberühmten → Cohiba). Sie erschien 1998 im → Lonsdale-Format.

trockene Zigarren, → holländischer Typ.

Tubidor, Zigarrenhülle für den Transport von 1 bis 2 Zigarren.

Umblatt, auch Binder genannt, elastisches Tabakblatt, das um die Einlage gewickelt wird, um sie zusammenzuhalten.

Upmann, Herman, begann 1844, auf Kuba Zigarren herzustellen. Seine Fabrik zählt zu den ältesten mit weltberühmtem Namen. Heute produziert H. Upmann in der Dominikanischen Republik.

Veguero, Zigarrenformat mit »Zöpfchen« auf dem Kopf.

Villiger, seit 1888 Schweizer Hersteller von Stumpen, Zigarillos und Zigarren mit Fabriken auch in Deutschland (Waldshut-Tiengen in Baden) und Irland. Beliebt ist noch immer die vor dem Ersten Weltkrieg entstandene »Villiger Kiel«, eine langgestreckte Zigarre mit eingebautem Gänsekiel, den heute ein gelbes Kunststoffmundstück ersetzt.

Vintage Cigars, Jahrgangszigarren, hergestellt aus besonders ausgewählten Tabaken eines Jahrgangs.

Virginiatabak, Tabak aus Virginia, einem Staat im Osten der USA, bildet u. a. die Grundlage für die langen, dünnen Virginierzigarren, neuerdings auch Virginiazigarren genannt.

Virginierzigarre, die gehaltvollste aller Schwergutzigarren, sehr schlank, etwa 20 cm lang, mit Alicantehalm als Rückgrat und Strohmundstück, hergestellt in Österreich aus dunklem Virginiatabak.

Vistas (span.: Anblicke), graphische Meisterwerke als äußerer und innerer Schmuck von Zigarrenkisten.

Vorstenlanden, hervorragender javanischer Zigarrentabak.

Wetschina, bayrisch-österreichische Bezeichnung für die → Virginierzigarre.

Whiff, Zigarre des → holländischen Typs, kleiner als ein Zigarillo.

Wickel, auch »Puppe« genannt, besteht aus der Einlage und dem Umblatt und wird in das Deckblatt gerollt.

Willem II., eine seit 1916 bestehende beliebte niederländische Zigarrenmarke aus indonesischen und südamerikanischen Tabaken. Der Name erinnert nicht an den deutschen Kaiser Wilhelm II., der nach seinem Thronverzicht 1918 – 1941 in den Niederlanden lebte, sondern an den niederländischen König Wilhelm II. (1840 – 1849).

Wrapper, englische Bezeichnung für das Zigarren-Deckblatt.

Young Lady, → Demi-Tasse.

Zedernholz. Das Holz der Atlas- oder Himalaya-Zeder ist hellbraun, überaus leicht und stark aromatisch. Es ist der ideale Klimaschutz für empfindliche Zigarren und veredelt ihr Aroma. So bestehen Kisten für gute Zigarren aus Zedernholz, Zedernholz kleidet Humidore aus, Zedernholzfolie bildet die schützende Hülle für Zigarren beim Transport wie bei der Aufbewahrung.

Zigarrenring, → Bauchbinde.

Zigarillo, kleine dünne Zigarre ohne Kopf, meist zwischen 79 und 102 mm lang bei einem Durchmesser zwischen 7,6 und 9,2 mm.

Zigarre, Genußmittel aus neutralen bis alkalischen Tabaken.

Nützliche Adressen

Zigarren-Fachzeitschriften

Cigar
Postfach
CH-9401 Rorschach
Tel. 071/8 44 04 05;
Fax 071/8 44 04 14

European Cigar Cult Journal
im Falstaff-Verlag
Opernring 1/E/4
A-1010 Wien
Tel. 01/5 87 65 74;
Fax 01/5 87 65 75–75

Pipe & Cigar
im Ebner Verlag
Postfach 30 60
D-89020 Ulm
Tel. 0731/15 20 – 116;
 Fax 0731/15 20 – 171

Cigar Aficionado
P. O. Box 51091
CO 80323-1091 Boulder
U.S.A

**Zigarren-Fachgeschäfte
in Deutschland**

Pfeifen-Schneiderwind
Krämerstr. 13 – 15
52062 Aachen
Tel. 0241/3 08 37;
Fax 0241/2 27 09

Tabak Jurewicz
Bismarckstr. 107
52066 Aachen
Tel. 0241/50 07 61;
Fax 0241 / 54 31 54

Zigarren-Stenger
Sandgasse 30
63739 Aschaffenburg
Tel. 06021/2 33 71

No 7 Tabakwaren
Herbert Mayer KG
Steingasse 7
86150 Augsburg
Tel. 0821/51 78 78;
Fax 0821/51 69 67

Akermann
Ludwigstr. 20
83435 Bad Reichenhall
Tel. + Fax 08651/25 77

Zigarrenhaus Peter Weinig
GmbH
Hauptwachstr. 17
96047 Bamberg
Tel. 0951/9 62 35 16;
Fax 0951/2 47 69

C. und S. Meiners
Luitpoldplatz 2
95444 Bayreuth
Tel. 0921/2 36 31

Otto Boenicke
Flughafen Tegel
13405 Berlin
Tel. 030/7 84 60 16

Davidoff-Shop im KaDeWe
Tauentzienstr. 21 – 24
10789 Berlin
Tel. 030/21 21 23 63;
Fax 030/2 18 27 54

Für Tabak-Genießer
Frankfurter Allee 46b
10247 Berlin
Tel. 030/2 91 84 04;
Fax 030/2 91 41 11

Kärnbach's Pipes
Muthesiusstr. 9
12163 Berlin
Tel. + Fax 030/7 91 89 12

Kiwus ... nur für Raucher
Kantstr. 56
10627 Berlin
Tel. + Fax 030/3 12 44 50

Lorenz Tabakwaren
Fritz-Reuter-Allee 182a
12359 Berlin
Tel. 030/6 01 72 81;
Fax 030/6 01 78 28

Palm Tobacco
Kurfürstendamm 214
10719 Berlin
Tel. 030/8 81 57 94

Tabak & Pulver
Rheinstr. 42
12161 Berlin
Tel. 030/8 51 57 32

Tabakwaren-Fachgeschäft
Kantstr. 75
10627 Berlin
Tel. 030/32 70 67 19

Teska
Giesebrechtstr. 2
10629 Berlin
Tel. 030/88 67 96 20;
Fax 030/88 67 96 22

Palm Tobacco
Hohenzollerndamm 94
14199 Berlin-Charlottenburg
Tel. 030/8 26 50 30

Minow's Tabak Depot
Bahnhofstr. 56
12305 Berlin-Lichtenrade
Tel. 030/7 44 01 00;
Fax 030/7 44 30 37

Crüwell Tabakhaus
Obernstr. 1a
33602 Bielefeld
Tel. 0521/6 78 02

Pipe Shop Kister
Bleichstr. 2
44787 Bochum
Tel. 0234/1 58 93

Säck & Nolde
Hattinger Str. 764
44879 Bochum
Tel. 0234/9 40 90 08;
Fax 0234/9 40 95 06

Zigarrenhaus Bertelt
Sternstr. 2
53111 Bonn
Tel. 0228/63 67 85

Wolsdorff Tobacco GmbH
Poststr. 24
53111 Bonn
Tel. 0228/63 66 53

Fritz Farina
Friedrich-Wilhelm-Str. 48
38100 Braunschweig
Tel. 0531/4 49 09

Pfeifen-Studio
Roland von Bremen
Herdentorsteinweg 37
28195 Bremen
Tel. 0421/1 25 82;
Fax 0421/1 25 04

Tabak & Pfeife
Lloydpassage 4
28195 Bremen
Tel. 0421/1 57 98

Zigarren-Pollner & Sohn
Bahnhofstr. 11 (Am Rathaus)
32257 Bünde
Tel. 05223/38 47;
Fax 05223/1 40 15

Friedrich Pröhl, Tabakwaren
Lange Str. 36
21614 Buxtehude
Tel. + Fax 04161/22 95

Dan Pipe »Der Grashof«
Curslacker Deich 136
21039 Curslack
Tel. 040/7 23 72 30
Fax 040/72 37 23 23

Tabak Bohn GmbH
Rheinstr. 16
64283 Darmstadt
Tel. 06151/2 50 70

Berghofer Tabak-Ecke
Berghofer Str. 133
44269 Dortmund
Tel. + Fax 0231/48 42 44

Tabak-Dehler
Hansastr. 43
44137 Dortmund
Tel. 0231/57 57 87

Zigarren-Henneke
Hörder Tabakbörse
Alfred-Trappen-Str. 10
44263 Dortmund
Tel. 0231/43 01 65;
Fax 0231/41 52 82

Tabakwaren Elisabeth Hantzsch
Wilsdruffer Str. 8
01067 Dresden
Tel. + Fax 0351/4 95 57 76

Düsseldorfer Pfeifen-Center
Linzbach
Graf-Adolf-Str. 78
40210 Düsseldorf
Tel. 0211/36 23 02;
Fax 0211/3 61 31 77

Palm Tobacco
Königsallee 40
40212 Düsseldorf
Tel. 0211/32 43 26

Tabak-Benden
Schadow-Arkaden 11 und
Kö-Galerie 60
40212 Düsseldorf
Tel. 0211/13 19 35
und 13 29 56

Tabakspezialitäten Willebrand
Corneliusstr. 85
40215 Düsseldorf
Tel. 0211/31 31 34

Pfeifen-Schilde GmbH
Kastanienallee 14
45127 Essen
Tel. 0201/22 72 27;
Fax 0201/23 09 41

Wolsdorff Tobacco GmbH
Kettwiger Str. 2
45127 Essen
Tel. + Fax 0201/22 58 24

Keistler Tabac International
Wormser Str. 31
67227 Frankenthal
Tel. 06233/2 75 83;
Fax 06233/2 57 05

Tabac Fischer
Münchener Str. 22
60329 Frankfurt
Tel. 069/23 58 85

Tabakhaus Büttner
Kornmarkt 9
60311 Frankfurt
Tel. + Fax 069/28 78 13

Stefan Meier, Tabakwaren
Rathausgasse 26
79098 Freiburg
Tel. 0761/3 64 57;
Fax 0761/3 54 57

Zigarrenhaus Fried. Freytag
Kaiser-Josef-Str. 222
79098 Freiburg
Tel. 0761/38 11 01

Palm Tobacco
Universitätsplatz 1
36037 Fulda
Tel. 0661/7 12 30

Pfeifenstudio Maiß
Neumarkt 1
 (Sparkassenhaus)
45879 Gelsenkirchen
Tel. 0209/2 28 35;
Fax 0209/2 28 71

Otto Wagner KG
Ludwigplatz 11 (City Center)
35390 Gießen
Tel. 0641/79 10 98

Richard Wagner
Tabakwaren im Bahnhof
Bahnhofstr. 106
35390 Gießen
Tel. 0641/7 28 10

Vogel's Tabakstube
Gerberstr. 15
73033 Göppingen
Tel. 07161/7 25 55;
Fax 07161/7 46 94

E. Nehrkorn
Weender Str. 70
37073 Göttingen
Tel. + Fax 0551/5 75 65

Stefan Kleiner
Hansering 1
06108 Halle/Saale

Otto Hatje, Zigarrenmacher
Alte Königstr. 5
22767 Hamburg
Tel. 040/38 54 09;
Fax 040/3 80 69 82

Ferdinand Tesch
Colonnaden 10
20345 Hamburg
Tel. 040/34 25 84;
Fax 040/3 58 94 98

Pfeifen- und Tabakhaus Timm
Jungfernstieg 26
(Hamburger Hof, Passage)
20354 Hamburg
Tel. 040/34 51 87

Pfeifen- und Tabakhaus Timm
Gerhart-Hauptmann-Str. 48d
(Landesbank-Galerie)
20095 Hamburg
Tel. 040/33 80 24

Pfeifen- und Tabakhaus Timm
Osdorfer Landstr. 136
(Elbe-Einkaufszentrum)
22609 Hamburg
Tel. 040/80 11 88

Pipe & Tobacco Shop H. Schröder
Rahlstedter Bahnhofstr. 21
22143 Hamburg
Tel. 040/6 77 29 60;
Fax 040/6 77 71 61

Tabacalera Hanseatica
Große Bleichen 36
(Im Hanseviertel)
20354 Hamburg
Tel. 040/35 27 47;
Fax 040/35 26 49

Tabacco World GmbH
Große Bleichen 1
20354 Hamburg
Tel. 040/35 18 49;
Fax 040/35 26 49

Wolsdorff Tobacco GmbH
Spitalerstr. 16
(am Mönckebrunnen)
20095 Hamburg
Tel. 040/32 79 86

Tabak-Richter
Alte Holstenstr. 66
21029 Hamburg-Bergedorf
Tel. 040/7 21 33 96;
Fax 040/7 24 68 19

Pfeifen- und Tabakhaus Timm
Heegbarg 31
(Alstertal-Einkaufszentrum)
22391 Hamburg-Poppenbüttel
Tel. + Fax 040/6 02 52 34

Pfeifenstube Heck
Rosenstr. 15
63450 Hanau
Tel. 06181/2 05 85;
Fax 06181/2 09 53

König & Schubert,
Zigarren- und Pfeifenhaus
Lavesstr. 71
30159 Hannover
Tel. + Fax 0511/32 19 84

Tabak Bieler KG
Hauptstr. 106
69117 Heidelberg
Tel. 06221/2 33 84

Tabak Sasse
Am Wollhaus 3
74072 Heilbronn
Tel. 07131/8 41 01;
Fax 07131/16 53 11

Zigarren-Bresser
Berliner Str. 1
44652 Herne
Tel. 02325/7 77 68;
Fax 02325/5 03 63

Zigarrenhaus W. Wagner
Altstadt 7
95028 Hof/Saale
Tel. 09281/26 33

Zigarrenhaus Knöß
Kurhausstr. 3
65719 Hofheim
Tel. 06192/90 17 60;
Fax 06192/90 17 70

Raucher Boutique
Franz Tropschuh
Theresienstr. 17
85049 Ingolstadt
Tel. 0841/3 51 78

Tabakhaus Kaufmann
Pirmasenser Str. 18
67655 Kaiserslautern
Tel. 0631/9 37 81

Eugen Kohm
Printzstr. 3
76139 Karlsruhe
Tel. 0721/96 11 50

Pipe Shop
Wolfsschlucht 1
34117 Kassel
Tel. 0561/77 63 23;
Fax 0561/1 54 11

Tabak-Treff
Kölnische Str. 6
(Kurfürstengalerie)
34117 Kassel
Tel. 0561/10 25 44, 10 25 61

Zigarren Baumert
Centrum am Markt
77694 Kehl
Tel. 07851/27 75;
Fax 07851/9 32 14

Tabac Trennt
Möllingstr. 28
24103 Kiel
Tel. 0431/9 58 90;
Fax 0431/9 58 93

Pipe House Jürgen Wilde
Jesuitengasse 1 (Entenpfuhl)
56068 Koblenz
Tel. 0261/1 58 55;
Fax 0261/3 85 17

Peter Heinrichs
Hahnenstr. 2
50667 Köln
Tel. 0221/25 62 31;
Fax 0221/25 67 05

Cigarren-Depot A. Steffany
Neumarkt 22
50667 Köln
Tel. + Fax 0221/2 57 72 24

Wilhelm Steffany
Wallrafplatz 1
50667 Köln
Tel. 0221/2 58 04 69

Tabac-Collegium Koster
Richartzstr. 12
50667 Köln
Tel. 0221/2 57 87 65

Cigar and Pipe
Gerichtsweg 3
04103 Leipzig
Tel. 0341/6 88 76 13

Tabak & Destille Theisen
Bergische Landstr. 4
51375 Leverkusen-Schlebusch
Tel. 0214/5 38 65;
Fax 0214/8 50 64 17

Zigarren-Backhaus
Lange Str. 74
59555 Lippstadt
Tel. + Fax 02941/42 21

Heinrich Möller
Holstenstr. 42
(Holstentor-Passage)
23552 Lübeck
Tel. 0451/7 77 12

Palm Tobacco
Wilhelmstr. 33
58511 Lüdenscheid
Tel. 02351/2 40 29

Bottle & Pipe
Hartstr. 1 (Am Rathaus)
39104 Magdeburg
Tel. + Fax 0391/5 41 42 34

Zigarren-Hofmann
Fuststr. 2
55116 Mainz
Tel. 06131/22 64 18

Palm Tobacco
Lothar-Passage 8
55116 Mainz
Tel. 06131/23 43 05

Wolsdorff Tobacco GmbH
Betzelstr. 23–25
55116 Mainz
Tel. 06131/23 43 05

L. Barbarino
Q 1.5
68161 Mannheim
Tel. 0621/2 04 75

H. Knau
Gutenbergstr. 7
35037 Marburg
Tel. + Fax 06421/2 38 72

Peter Fendt Zigarren (Versand)
Postfach 11 33
87609 Marktoberdorf
Tel. 08342/9 51 00;
Fax 08342/4 16 04

Cigar Cabinet
(La Casa del Habano)
Poststr. 70
40667 Meerbusch (bei Düsseldorf)
Tel. 02132/91 12 94;
Fax 02132/1 09 78

H. Sturm
Kalchstr. 7
87700 Memmingen
Tel. 08331/4403;
Fax 08331/494366

Pfeifen- und Tabakhaus MF
Magnus Falkum
Hauptstr. 30
63897 Miltenberg/Main
Tel. 09371/39 80;
Fax 09371/6 97 23

anno tobak
Hindenburgstr. 75
(Theatergalerie)
41061 Mönchengladbach

Norbert Heinrich, Tabakhaus
Oberwallstr. 49
47441 Moers
Tel. 02641/2 59 25;
Fax 0281/2 36 97

Tabakstube in der Altstadt
Friedrichstr. 39
47441 Moers
Tel. 02841/2 13 83;
Fax 02841/2 87 23

Cigarren W. Bader
Marienplatz 8
80331 München
Tel. 089/22 30 06;
Fax 089/22 17 15

Cigartel
Feldmochingerstr. 21
80992 München
Tel. 089/1 41 31 34;
Fax 089/1 41 31 49

Dallmayr Tabakladen
Dienerstr. 14 – 15
 (im Feinkosthaus Dallmayr)
80331 München
Tel. 089/2 13 51 71;
Fax 089/2 13 51 67

Diehl Smoker's Boutique
Kaufingerstr. 9 (Kaufinger Tor)
80331 München
Tel. 089/29 75 63

Wilh. & Rich. Diehl
Theatinerstr. 17 Ecke Salvator-
straße
80333 München
Tel. 089/29 75 63 und 22 70 98;
Fax 089/2 91 33 01

Georg Huber Cigarren München
GmbH
Tal 22
80331 München
Tel. 089/22 11 93;
Fax 089/22 91 57

Max Zechbauer, Tabakwaren
 GmbH & Co.
Residenzstr. 10
80333 München
Tel. 089/29 01 30 26;
Fax 089/29 01 30 30

Tabak-Träber
Ludgeristr. 63
48143 Münster
Tel. 0251/4 57 53;
Fax 0251/26 06 69

Zigarrengeschäft Wilhelm Fincke
OHG
Hammer Str. 63
48153 Münster
Tel. 0251/52 72 98

Zigarren Lammerding, Tabakwaren
Groß- und Einzelhandel OHG
Im Hauptbahnhof Münster
48143 Münster
Tel. 0251/4 66 88

Tabak-Haack
Berliner Allee 40 (Herold-Center)
22850 Norderstedt
Tel. 040/5 23 38 44;
Fax 040/5 26 46 59

Drexler's Tabakstube
Kaiserstr. 32
90403 Nürnberg
Tel. 0911/22 15 66;
Fax 0911/2 44 80 83

Paul Neifer KG
CentrO-Allee 164
(Im CentrO-Einkaufszentrum)
46047 Oberhausen
Tel. + Fax 0208/20 83 07

Zigarrenhaus K. Heck
Frankfurter Str. 37
63065 Offenbach
Tel. 069/81 44 81

Hermann Paraat
Haarenstr. 18
26122 Oldenburg
Tel. 0441/2 60 37

Tabakhaus Mensler
Kisau 5
33098 Paderborn
Tel. + Fax 05251/2 71 10

Tabak Sigrist
Westliche 53 (Im Volksbankhaus)
75172 Pforzheim
Tel. 07231/14 01 41;
Fax 07231/14 01 42

Tabak-Götz
Neupfarrplatz 3
93047 Regensburg
Tel. 0941/5 48 31;
Fax 0941/56 52 84

Tabak-Eck Naethbohm
Neuer Markt 14
18055 Rostock
Tel. 0381/4 93 43 59;
Fax 0381/6 70 29 11

Andrea Nitz
Breite Str. 11
18055 Rostock
Tel. + Fax 0381/3 11 35

Zigarrenhaus Cesinger
Hafengasse 8
91541 Rothenburg ob der Tauber
Tel. 09861/34 25;
Fax 09861/9 23 40

Tabac Hirschmann
Marktplatz 25
73614 Schorndorf
Tel. 07181/2 41 85;
Fax 07181/56 84

Tabak-Treff
Marktplatz 36
73525 Schwäbisch Gmünd
Tel. + Fax 07171/26 86

Zigarrenhaus Preussler
Friedrichstr. 6
19055 Schwerin
Tel. + Fax 0385/56 17 08

Siegener Tabakstube
Am Bahnhof 11
57072 Siegen
Tel. 0271/5 24 79;
Fax 0271/2 46 27

HACO, A. Hacker-Kirner
Scheffelstr. 25
78224 Singen
Tel. 07731/98 47 47

Hugo Jahn
Düsseldorfer Str. 26
42697 Solingen-Ohligs
Tel. 0212/7 79 95;
Fax 0212/7 59 12

Alte Tabakstube am Schillerplatz
Laden, Versand, Import
Schillerplatz 4
70173 Stuttgart
Tel. 0711/29 27 29;
Fax 0711/2 26 14 10

Classic
Karlspassage / Breuninger
70173 Stuttgart
Tel. + Fax 0711/23 38 81

Dürninger Zigarren GmbH
Stuttgarter Str. 46
70469 Stuttgart
Tel. 0711/81 87 60

Pfeifenarchiv Stuttgart
Calwer Passage
70178 Stuttgart
Tel. 0711/29 07 01;
Fax 0711/2 99 15 55

Tabacum
Schwabstr. 120
70193 Stuttgart
Tel. + Fax 0711/29 52 28

Wolsdorff Tobacco GmbH
Simeonstr. 40
54290 Trier
Tel. 0651/8 44 80

Cigarillo Ulm
Platzgasse 23
89073 Ulm
Tel. + Fax 0731/6 56 15

Ursula Rottler
Tabakwaren
Hafengasse 12
89073 Ulm
Tel. 0731/6 83 50

Thomas Rösler
Wielandstr. 3
99423 Weimar
Tel. 03643/90 56 17

Tabakshop Barbarino
An den Quellen 10
65183 Wiesbaden
Tel. 0611/30 53 50

Pfeifenhaus Zander
Kirchgasse 54
65183 Wiesbaden
Tel. 0611/30 47 71;
Fax 0611/3 08 37 54

Pfeifen-Bruck
Friedrichstr. 52
(Rathausgalerie in Elberfeld)
42105 Wuppertal
Tel. + Fax 0202/45 48 19

Pfeifen-Rösch
Am Dominikanerplatz 3d
97070 Würzburg
Tel. 0931/5 22 18;
Fax 0931/1 50 39

Wolsdorff Tobacco GmbH
Domstr. 3
97070 Würzburg
Tel. 0931/5 42 68

Zigarren-Fachgeschäfte in Österreich

Karl Schnöller
Hauptstr. 44
A-7000 Eisenstadt

Horst Dreier
Weblinger Gürtel
A-8054 Graz

Fridolin Nessler
Maria-Theresien-Str. 2
A-6020 Innsbruck

Edith Wallnöfer
Maria-Theresien-Str. 31
A-6020 Innsbruck

Erika Springer
Burggasse 6
A-9020 Klagenfurt

Ute Breitwieser
Landstr. 70
A-4020 Linz

Kurt Friedrich
Alemannenstr. 20c
A-6830 Rankweil

Mag. Barbara Schiller
Rainerstr. 4
A-5020 Salzburg

Walter Schweller
Kremsergasse 6
A-3100 St. Pölten

Michael Mohilla
Kohlmarkt 6
A-1010 Wien

Josef Seiberl
Reinprechtsdorfer Str. 11
A-1050 Wien

Georg Vacano
Kettenbrückengasse 21
A-1050 Wien

Gerhard Cink
Favoritenstr. 152
A-1100 Wien

Klaus Fischer
Meidlinger Hauptstr. 42
A-1120 Wien

Rudolf Nowak
Seitenberggasse 78
A-1170 Wien

**Zigarren-Fachgeschäfte in der
Schweiz**

Tabakhaus zum Adler
Rathausgasse 31
CH-5000 Aarau

Tabacaria S.A.
Am Obersee
CH-7050 Arosa

Negozzio al Riva
P. Motta 22
CH-6612 Ascona

Fausto Vacchini
P. Motta 33
CH-6612 Ascona

Badener Tabakhaus
Rathausgasse 7
CH-5400 Baden

Lonesa S.A.
Centro Shopping
CH-6828 Balerna

Intertabak
Pfeifenwolf
Freie Str. 10
CH-4001 Basel

Hägeli-Briefer
Marktplatz 21
CH-4051 Basel

Intertabak Havannahaus
Aeschenvorstadt 48
CH-4051 Basel

Jenni's Tabakblatt
Untere Rebgasse 27
CH-4058 Basel

Oettinger Cigares
Aeschenvorstadt 4
CH-4051 Basel

Oettinger Cigares
Centralbahnplatz 9
CH-4052 Basel

Oettinger Cigares
Steinenvorstadt 2
CH-4051 Basel

Oettinger Imex AG
Davidoff-Importeur
Nauenstr. 73
CH-4002 Basel

Pfyffe Laade
Rümelinsplatz 15
CH-4001 Basel

Zum Münsterberg
Freie Str. 81
CH-4051 Basel

A. Dürr & Co.
Spitalgasse 37
CH-3011 Bern

Cigarren Flury
Bahnhofplatz 3
CH-3011 Bern

Cigarren Hans Kaegi
Theaterplatz 2
CH-3011 Bern

Küttel Tabacco S.A.
Christoffelunterführung 4
(Bahnhof)
CH-3011 Bern

Keller Tabak
Nidaugasse 20
CH-2500 Biel

Specialità Tabacchi
Corso San Gottardo 19
CH-6830 Chiasso

Zigarren-Mettler
Seilerbahnweg 8
CH-7000 Chur

Grisotabak
Grabenstr. 9
CH-7001 Chur

Cigarrenhaus
Promenade 75
CH-7270 Davos-Platz

La Tabatière
26, boulevard de Pérolles
CH-1700 Fribourg

Comptoir des Tabacs du Rhône
59, rue du Rhône
CH-1204 Genève

Davidoff & Cie.
2, rue du Rive
CH-1204 Genève

Dunhill S.A.
100, rue du Rhône
CH-1204 Genève

Gérard Père et Fils
19, quai du Mont-Blanc
(Hotel Noga Hilton)
CH-1201 Genève

Les Tabacs Boutiques S.A.
34, rue Plantamour
CH-1201 Genève

Tabac Rhein
1, rue du Mont-Blanc
CH-1201 Genève

Raffl Cigars
1–4, place Langemalle
CH-1204 Genève

Cigarres – Tobacco
Hauptstraße
CH-3780 Gstaad

Tabacs et Cigares Besson
Alexander Senn
22, rue de Bourg
CH-1003 Lausanne

Tabacs Maillefer
5, Grand-Chêne
CH-1003 Lausanne

Masson & Cie.
28, rue de Bourg
CH-1003 Lausanne

Cavallini Cigares
21, via Nassa
CH-6900 Lugano

Tabacchi Lucio Leoni
68, via Nassa
CH-6900 Lugano

Tabac Boutique
Postfach 5115
CH-6000 Luzern

Tabak Bar AG
Burgerstr. 17
CH-6003 Luzern

Naegeli zum Tabakfass
Schwanenplatz 2
CH-6004 Luzern

Tabacshop Sovetra S.A.
46, Grand Rue
CH-1820 Montreux

Intertabak AG
Genuastr. 15
CH-4142 Münchenstein

s'Tubak-Lädeli
Aarauer Str. 16
CH-5630 Muri

Tabak-Fachgeschäft
Hauptgasse 43
CH-3280 Murten

Pattus-Tabac David Blum
2, rue St-Maurice
CH-2000 Neuchâtel

Tabakblatt N 2
Götzlsbodenweg 22
CH-4133 Pratteln

Mangeng Tabak AG
Cigarren en gros
Hauptstr. 64
CH-9424 Rheineck

A. Dürr & Co.
Fronwagplatz 12
CH-8201 Schaffhausen

Naegeli zum Tabakfass
Goldsteinstr. 23
CH-8202 Schaffhausen

A. Dürr & Co.
Hauptgasse 3
CH-4500 Solothurn

Tabak O. Bruehwiller
Spisermarkt 17
CH-9004 St. Gallen

Wellauer & Co.
Neugasse 1
CH-9001 St. Gallen

Havanna-Haus Monopol
P. Gautschi
Via Maistra 17
CH-7500 St. Moritz

Paul Buder
Via Rosatsch 9
CH-7500 St. Moritz-Bad

Säuberli & Cie.
Gewerbestr. 5
CH-5034 Suhr

Naegeli zum Tabakfass
Untertor 14
CH-8400 Winterthur

Tabacs au Khédive
37, rue du Milieu
CH-1400 Yverdon

Erwin Jullier
Shopping Center »Victoria«
CH-3920 Zermatt

Papeterie »Wega«
Shopping Center »Victoria«
CH-3920 Zermatt

Naegeli zum Tabakfass
Industriestr. 13b
CH-6300 Zug

Cigares Ursula Bender
Edisonstr. 5
CH-8050 Zürich

Davidoff Dépositaire
Poststr. 12
CH-8001 Zürich

A. Dürr & Co.
Bahnhofplatz 6
CH-8001 Zürich

Jelmoli AG Rayon
Seidengasse 1
CH-8001 Zürich

Naegeli zum Tabakfass
Theaterstr. 14 (Bellevue)
CH-8001 Zürich

Premium Tobacco
Bahnhofstr. 70
CH-8001 Zürich

Schmidt-Erben C.J.
Paradeplatz 3
CH-8001 Zürich

P. Schwarzenbach & Co.
Im Hauptbahnhof
CH-8023 Zürich

Tabacum Victoria
Löwenstr. 68
CH-8001 Zürich

Tabak-Lädeli R. Wagner-Gerbig
Storchengasse 19
CH-8001 Zürich

**Zigarrenhersteller und Zigarren-
importeure**

Alpina Bovensiepen
Alpenstr. 35
86807 Buchloe
Tel. 08241/50 05 46;
Fax 08241/50 05 44

Arnold André GmbH ı Co KG
Moltkestr. 10 – 18
32212 Bünde
Tel. 05223/16 30;
Fax 05223/16 32 52

Aßmann KG
Hirschbergerstr. 10g
76139 Karlsruhe
Tel. 0721/6 81 86 80;
Fax 0721/68 69 06

John Aylesbury
Geibelstr. 7
45472 Mülheim
Tel. 0208/78 10 62;
Fax 0208/49 27 37

Gebrüder Berens GmbH,
Tabak- und Zigarrenfabrik
Veischedestraße
57368 Lennestadt
Tel. 02721/8 00 37

Cigar World
Generalrepräsentant für die EU
Tiefer Graben 7–9
A-1010 Wien
Tel. 1/5 35 66 50;
Fax 1/5 35 66 52

Dannemann Cigarrenfabrik
GmbH
Rahdener Str. 147
32312 Lübbecke
Tel. 05741/32 60;
Fax 05741/32 62 99

Don Stefano Zigarrenmanufaktur
GmbH
Klingelgarten 41
35435 Wettenberg
Tel. 0641/8 34 04;
Fax 0641/8 36 53

Alfred Dunhill
Hellgrundweg 100
22525 Hamburg
Tel. 040/8 40 70 70;
Fax 040/84 07 07 10

Joh. Wilh. von Eicken GmbH + Co
Drechslerstr. 1
23556 Lübeck
Tel. 0451/89 00 60;
Fax 0451/8 90 06 39

El Mundo del Tabaco
Import GmbH
Schwarzenbergstr. 3–7
79761 Waldshut-Tiengen
Tel. 07741/60 72 64;
Fax 07741/60 72 46

Ermuri, Einkaufsverband
Am Brummerfeld 11
32758 Detmold
Tel. 05231/9 67 60

Charles Fairmorn HandelsgmbH
Birkunger Str. 71
37351 Dingelstädt
Tel. 036075/5110;
Fax 036075/5 11 22

5th Avenue Products Trading
GmbH
Offizieller Alleinimporteur von
Havannas
Schwarzenbergstr. 3–7
79761 Waldshut-Tiengen
Tel. 07741/60 72 61;
Fax 07741/60 72 46

Gérard Père & Fils Boutique
Noga Hilton; 19, Quai du Mont-
Blanc
CH-1201 Genève
Tel. 0041/22/7 32 65 11

Gebr. Heinemann GmbH
Tabakwaren-Import und Ver-
triebsgmbH
Postfach 10 29 49
20457 Hamburg
Tel. 040/30 10 25 40;
Fax 040/30 10 25 90

Kohlhase, Kopp & Co.
Tabakfabrik, Im- und Export
Hermann-Löns-Weg 36
25462 Rellingen
Tel. 04101/3 40 67 68, 3 11 53;
Fax 04104/3 10 28

Niemann & Tintelnot Cigarrenfabrik
Postfach 104
32602 Vlotho/Weser

Planta Tabak-Manufaktur Dr. M.
Obermann GmbH & Co.
Postfach 61 10 15
10921 Berlin
Tel. 030/7 88 00 20;
Fax 030/78 80 02 56

Alois Pöschl Tabakfabriken
Dieselstr. 1
84144 Geisenhausen/Landshut
Tel. 08743/97 10;
Fax 08743/97 11 10

August Schuster Cigarrenfabrik
Blumenstr. 2 – 8
32257 Bünde
Tel. 05223/32 91;
Fax 05223/1 70 42

Stanwell Vertriebs-GmbH
Hermann-Ritter-Str. 114
28197 Bremen
Tel. 0421/5 48 40 46;
Fax 0421/5 48 43 94

R.L. Will
Postfach 32 24
32232 Bünde
Tel. 05223/1 43 11;
Fax 05223/33 53

Villiger Söhne GmbH & Co
Postfach 20 12 80
79752 Waldshut-Tiengen
Tel. 07741/60 70;
Fax 07741/60 72 46

H. Wörmann GmbH
Kirchnerstr. 42
32257 Bünde
Tel. 05223/6 08 01;
Fax 05223/6 45 77

Deutsches Tabak- und Zigarrenmuseum
Fünfhausenstr. 8 – 12
32257 Bünde
Tel. 05223/16 13 25
Geöffnet Dienstag bis Sonntag
10 – 12 Uhr und 15 – 17 Uhr

Cigar Clubs

Im Jahre 1993 eröffnete die berühmte Partagás-Zigarrenfabrik in Kubas Hauptstadt Havanna in einer eleganten »Casa del Habano« den ersten »Cigar Club« der Welt. Heute treffen sich in fast allen großen Metropolen die Freunde guter Zigarren, um in angenehmer Atmosphäre, in Gesellschaft Gleichgesinnter und von fanatischen Nichtrauchern unbehelligt ihrer Leidenschaft zu frönen. Mittelpunkt solcher Treffen in »Cigar Clubs« oder »Clubs de Fumadores« (Raucherclubs) sind die »Habana Rooms«, »Havanna Lounges« oder »Casas del Habano«, die den Clubmitgliedern mit Rauchsalons, Bar, Restaurant, Bibliothek und Konversationsräumen zur Verfügung stehen. Ein mit Schließfächern versehener, begehbarer Humidor versorgt die Zigarrenfreunde mit Nachschub. Mehrmals jährlich finden in den Clubräumen »Smoker Nights« bzw. »Cigar Nights« statt, Zusammenkünfte der Aficionadas und Aficionados mit festlichem Essen, Fachvorträgen und Degustationen neuer Zigarrenkreationen. Fast alle Clubs erheben eine Aufnahmegebühr und einen Jahresbeitrag.

Times-Bar
im Savoy-Hotel
Fasanenstr. 9–11
10623 Berlin
Tel. 030/31 10 33 36
täglich 11–2 Uhr

Club de Fumadores
im Hotel »Landsknecht«
Poststr. 70
40667 Düsseldorf-Meerbusch
Tel. 02132/91 12 94;
Fax 02132/1 09 78
Di–Do 12–23 Uhr,
Sa und So 18–24 Uhr

Havanna Lounge
im Hotel »Frankfurter Hof«
Am Kaiserplatz
60311 Frankfurt
Tel. 069/13 37 82 30;
Fax 069/13 37 82 39
Mo–Fr 10–23 Uhr, Sa 12–17 Uhr

Cigar Smoker's Society
im »Kempinski Hotel Gravenbruch«
An der B 459
63263 Frankfurt-Neu-Isenburg
Tel. 06102/50 55 10;
Fax 06102/50 59 05
täglich ab 17 Uhr

Vintage Habana Room
im Restaurant »Vintage«
Pfeilstr. 31–35
50672 Köln
Tel. 0221/92 07 10;
Fax 0221/9 20 71 19
Mo–Sa 12–24 Uhr

Havanna Lounge
über den Alsterarkaden
Neuer Wall 19 (Fahnighaus)
20354 Hamburg
Tel. 040/3 57 53 80;
Fax 040/35 71 96 42
Mo–Fr 11.30–24 Uhr

Bourbonstreet
Große Fleischergasse 21
04109 Leipzig
Tel. 0341/2 11 62 05
täglich 17–2 Uhr

Aficionado
Leopoldstr. 25
80802 München

Tel. 089/33 08 92 92;
Fax 089/33 08 92 95
So–Mi 17–2 Uhr, Do–Sa 17–4 Uhr

Piano Bar
im Hotel »Park Hilton München«
Am Tucherpark 7
80538 München
Tel. 089/38 45 24 24
täglich 17–1.30 Uhr

Gelbes Haus
Troststr. 10
90429 Nürnberg
Tel. 0911/26 22 74
So–Do 19–1 Uhr,
Fr und Sa 15–3 Uhr

Cigar Club Vienna
Havanna Lounge
im Pallavicini-Haus
Marxergasse 3/2
A-1030 Wien
Tel. 1/7 10 13 75
Mo–Fr 11–23 Uhr

Dank

Die Abbildungen wurden uns freundlicherweise vom
Deutschen Tabak- und Zigarrenmuseum in Bünde
und der Firma Gebrüder Heinemann, Hamburg,
zur Verfügung gestellt.
Die Zeichnungen auf Seite 87 und 98
fertigte Christel Gorys an.

Kleine Philosophie der Passionen

Zum Selberlesen und Verschenken – für alle,
die bereits einer Leidenschaft erlegen sind oder ihre
wahre Passion noch suchen

Der Reichtum der einfachen Küche

Wer sich nach ursprünglichen und preiswerten Gerichten
sehnt, die zudem noch leicht nachzukochen sind,
kann sich mit diesen Rezepten aus sechs
beliebten Urlaubsländern verwöhnen
oder verwöhnen lassen.

Eva Gesine Baur,
Irène Furtwängler
Italien
dtv 36040

Eva Gesine Baur,
Monika Arndt
Deutschland
dtv 36043

Eva Gesine Baur
Frankreich
dtv 36041

Eva Gesine Baur,
Renate Zeltner
Österreich
dtv 36044

Eva Gesine Baur,
Anuschka Seifert
Spanien
dtv 36042

Eva Gesine Baur,
Beat Wüthrich
Schweiz
dtv 36045

»Eine wunderschöne Reihe – und fast ein Muß für alle,
denen Essen mehr bedeutet als satt werden.«
Deister- und Weserzeitung

»Eine wichtige Buchreihe für Genießer: Wer sich in der
einfachen Küche nicht gut auskennt, wird es in der
feinen erst recht zu nichts bringen.«
Peter Ploog, Chefredakteur von 'essen & trinken'

dtv

Lust auf Philosophie

Jostein Gaarder
Sofies Welt
dtv 12555

Christoph Helferich
Geschichte der Philosophie
Von den Anfängen bis zur Gegenwart
und Östliches Denken
dtv 30706

Frieder Lauxmann
Der philosophische Garten
dtv 20176

Michael Macrone
Heureka!
Das archimedische Prinzip und 80 weitere Versuche,
die Welt zu erklären
dtv 30673

Martin Morgenstern, Robert Zimmer
HinterGründe
Die Philosophie und ihre Fragen
dtv 30709

Frédéric Pagès
Frühstück bei Sokrates
Philosophen ganz privat
dtv 20040

Kostis Papajorgis
Der Rausch
Ein philosophischer Aperitif
dtv 30665

dtv

Christian Graf von Krockow im dtv

»Wenn ich Bücher schreibe,
möchte ich Geschichten erzählen.«
Christian Graf von Krockow

Die Stunde der Frauen
Bericht aus Pommern
1944 bis 1947
dtv 30014

Die Reise nach Pommern
Bericht aus einem
verschwiegenen Land
dtv 30046

Friedrich der Große
Ein Lebensbild
dtv 30342

**Fahrten durch die
Mark Brandenburg**
Wege in unsere Geschichte
dtv 30381

**Begegnung mit
Ostpreußen**
dtv 30493

Rheinsberg
Ein preußischer Traum
dtv 30649

Die preußischen Brüder
Prinz Heinrich und
Friedrich der Große
Ein Doppelportrait
dtv 30659

Die Rheinreise
Landschaften und
Geschichte zwischen
Basel und Rotterdam
dtv 30753

Die Elbreise
Landschaften und
Geschichte zwischen
Böhmen und Hamburg
dtv 30754

Von deutschen Mythen
Rückblick und Ausblick
dtv 36028

Vom lohnenden Leben
Ein Wegweiser für jüngere
und ältere Leute
dtv 36158

Carl Friedrich von Weizsäcker im dtv

»Ein Philosoph, der weiß, wovon er spricht, wenn er über
Physik, Evolution, Politik und gar nicht leider auch
Theologie spricht, ist vielleicht das letzte Exemplar einer
aussterbenden Spezies; der Mut zur Synopsis und die
Kraft der synthetischen Bemühung sind großartig.«
Albert von Schirnding, ›Süddeutsche Zeitung‹

Die Einheit der Natur
Studien
dtv 4660

Mit diesem längst zum Klassiker gewordenen Buch be-
leuchtet der Physiker und Philosoph die Grundfrage der
modernen Wissenschaft: die Frage nach der Einheit der
Natur und der Einheit der Naturerkenntnis.

Wahrnehmung der Neuzeit
dtv 10498

Aufsätze zu den wesentlichen Fragen und Problemen unserer Zeit. »Das Ziel ist, die Neuzeit sehen zu lernen, um
womöglich besser in ihr handeln zu können.«

Der Mensch in seiner Geschichte
dtv 30378

Ein autobiographischer Rückblick, der Antworten auf die
wichtigsten Fragen der modernen Naturwissenschaften und
Philosophie gibt: Wer sind wir? Woher kommen wir?
Wohin gehen wir?

dtv

Régine Pernoud im dtv

Régine Pernoud, die große alte Dame der französischen Mediävistik, hat viel dazu beigetragen, ein helles Bild des »dunklen« Mittelalters zu zeichnen.

Königin der Troubadoure
Eleonore von Aquitanien
dtv 30042
Eine lebendige Darstellung aus dem Frankreich des Mittelalters: Leben und Zeit der schönen und klugen Königin von Frankreich.

Herrscherin in bewegter Zeit
Blanca von Kastilien, Königin von Frankreich
dtv 30359
Königin Blanche, die Enkelin der Eleonore von Aquitanien, lenkte die Geschicke ihres Landes mit sicherer Hand durch die Turbulenzen der ersten Hälfte des 13. Jahrhunderts.

Heloise und Abaelard
Ein Frauenschicksal im Mittelalter
dtv 30394
Die Liebes- und Lebensgeschichte des mittelalterlichen Philosophen, der Entscheidendes der Frau in seinem Schatten verdankte.

Die Heiligen im Mittelalter
Frauen und Männer, die ein Jahrtausend prägten
dtv 30441
Leben, Wirken und Leiden jener Frauen und Männer im Mittelalter, die als Heilige bis heute verehrt werden.

Der Abenteurer auf dem Thron
Richard Löwenherz, König von England
dtv 30538
Er war klug, verwegen und das Ideal eines Ritters: Richard I., König von England. Régine Pernouds spannende und farbige Biographie macht mit diesem königlichen Abenteurer bekannt.

Christine de Pizan
Das Leben einer außergewöhnlichen Frau und Schriftstellerin im Mittelalter · dtv 30631
Régine Pernoud erzählt das Leben der französischen Schriftstellerin, die als erste Feministin in die Geschichte eingegangen ist.